Hanns-J. Krause
Handbuch
Aquarientechnik

Hanns-J. Krause

Aquarien-
technik

ISBN 3-927997-10-2
Herstellung: Druckhaus Oberpfalz, Wernher-von-Braun-Straße 1, 8450 Amberg

Fotonachweise:
Fa. Dennerle: 8-5, 12-3, 12-4, 14-3, 16-7
Hanns-J.Krause: alle übrigen

Alle Angaben in diesem Buch wurden sorgfältig erstellt und geprüft. Haftungen jeglicher Art sind jedoch ausgeschlossen. Sämtliche Empfehlungen, Angaben über aquaristische Eignungen, Qualitäts-
beurteilungen usw. beruhen auf rein persönlichen Ansichten und Erfahrungen des Autors, sie müssen nicht allgemein verbindliche Gültigkeit haben. – Für Hinweise auf Fehler oder für Anregungen
ist der Verfasser jederzeit dankbar und wird sie gerne beantworten.

Inhaltsverzeichnis

Inhaltsverzeichnis

Inhaltsverzeichnis

Kurz und bündig

1. Die Aquarientechnik und ihre Grenzen

In diesem Buch werden die wichtigsten technischen Hilfsmittel der Aquaristik, also Beleuchtung, Filterung, Heizung usw., in einzelnen und weitgehend in sich abgeschlossenen Kapiteln beschrieben.

Die einzelgefaßte, isolierte Beschreibung war notwendig wegen der besseren Übersichtlichkeit. Aber sie verleitet zu der Annahme, daß einzelne Komponenten, wie z.B. Beleuchtung, Filterung, Heizung usw., voneinander unabhängig verändert werden könnten.

Das ist ein Trugschluß!

Das Aquarium ist ein äußerst komplexes Biosystem. Änderungen an irgendeiner Komponente haben sehr oft weitreichende Konsequenzen!

Ein einfaches Beispiel: Eine gealterte Leuchtstofflampe wird ausgewechselt (also eine Verbesserung!). Die Beleuchtungsstärke steigt. Die Pflanzen produzieren mehr Sauerstoff (O_2). Der O_2-Gehalt steigt; dadurch werden zwangsläufig kritische Pflanzennährstoffe rascher ausgefällt und fischwichtige Vitamine rascher zerstört. Die Folgen: Der Wuchs höherer Wasserpflanzen läßt nach, Algen können aufkommen, Fische fühlen sich nicht mehr so wohl. – Und so hat eine durchaus positive Maßnahme letztendlich negative Folgen ausgelöst! Warum? Die Veränderung am komplexen Biosystem „Aquarium" wurde nicht hinreichend kompensiert!

Oder es wird die Wassertemperatur um einige Grad heraufgesetzt. Das erhöht den Lichtbedarf der Pflanzen, steigert den Stoffumsatz der Fische, beschleunigt die Filterprozesse usw. Folglich ändern sich die Gehalte an Sauerstoff, Ammonium, Nitrit usw. Die biologischen Auswirkungen sind beachtlich!

Für den Einsteiger in die Aquaristik ist das zweifellos verwirrend. Aber er sollte sich nicht entmutigen lassen! Das Leben ist in seiner Komplexibilität niemals mit dem kleinen Einmaleins voll erfaßbar. Diese Erkenntnis ist für den echten Naturfreund und Aquarianer ein Ansporn!

Mit der Zeit lernt man durch genaues Beobachten seiner Pfleglinge die Zusammenhänge erkennen, und der Erfolg stellt sich ein. Eine alte Bauernweisheit sagt: „Das Auge des Herrn macht das Vieh fett". Das gilt auch für die Aquaristik! Erfolgreiche Aquarianer verstehen die Sprache ihrer Fische und lesen aus Flossenstellung und Kiemenbewegung genau heraus, was zu tun ist. Pflanzenfreunde mit dem „Grünen Daumen" handeln ganz ähnlich!

Technische Hilfsmittel können die Pflege erleichtern und bei manchen Exoten die Haltung überhaupt erst ermöglichen. Die Grundlagen für die richtige Anwendung der Aquarientechnik möchte dieses Buch vermitteln. Wer aber glaubt, je höher der technische Aufwand, desto sicherer der Erfolg, der irrt!

Aquarien lassen sich auch automatisch steuern, zum Beispiel von einem Computer. Das ist bequem und erspart so manchen prüfenden Blick. Und genau darin liegt der Fehler! Denn je weniger aufmerksam das Aquarium beobachtet wird, desto weniger Informationen erhält man über die biologischen Prozesse. Außerdem sei nicht vergessen: J e d e Technik kann störungshalber ausfallen! Und wird der Fehler nicht sofort bemerkt, entsteht oft großer Schaden. Der Autor ist Diplom-Ingenieur und mit der Technik aufgewachsen, er kennt ihre Stärken und Schwächen. Sein Rat nach 45 Jahren Aquarienpraxis:

So viel Technik wie nötig,
aber nur so wenig wie möglich!

2. Sicherheit in der Aquaristik

Unfälle passieren nicht, sondern werden verursacht! – Die Aquaristik ist grundsätzlich nicht gefahrenträchtig. Das beweisen rund drei Millionen private Aquarien in der Bundesrepublik. Aus Unkenntnis aber werden einige Fehler immer wieder begangen und geben Anlaß zu ernsten Unfällen. Hier wird gezeigt, wie man solche Fehler vermeidet. Denn die Freude soll nicht getrübt werden an unserem schönen Hobby Aquaristik!

Elektrogeräte

Fast jedes Aquarium wird elektrisch beleuchtet oder geheizt, es hat also elektrische Zusatzgeräte. Strom und Wasser sind eine gefährliche Mischung! Jedes Berühren stromführender Teile mit feuchten Händen ist lebensgefährlich! Ein Stromfluß von nur 0,03 Ampere verursacht derart starke Muskelkrämpfe, daß man den stromführenden Gegenstand nicht mehr loslassen kann! Höhere Ströme bewirken Verbrennungen oder sogar tödliche Herzrhythmusstörungen (Kammerflimmern)! Durch Stromschlag ereignen sich in Deutschland in jedem Jahr etwa 100 Todesfälle, fast die Hälfte davon in privaten Haushalten.

> Elektro-Unfälle werden stets durch Leichtsinn verursacht. Sie sind daher vermeidbar. Ohne Ausnahme!

Die Gebrauchsanweisungen vieler elektrischer Aquariengeräte warnen: „Achtung! Vor dem Hineinfassen ins Wasser alle im Wasser befindlichen Geräte vom Netz trennen!" – Dieser Warnhinweis ist berechtigt, wird aber in der Praxis nicht immer befolgt. Um so wichtiger ist es, ausnahmslos sichere Geräte zu benutzen und folgendes zu beachten:

– Nur Geräte mit VDE-, TÜV-, GS- oder CE-Zeichen kaufen! Diese Geräte wurden von einer anerkannten Prüfstelle sicherheitstechnisch typgeprüft und erfüllen die Arbeitsschutz- und Unfallverhütungsvorschriften.

Wichtig: Das VDE-, TÜV-, GS- oder CE-Zeichen muß auf dem Gerät selbst stehen oder auf seinem Typenschild! Steht es nur auf dem Netzstecker, dann ist nur der Stecker sicherheitsgeprüft, jedoch nicht das Gerät. Ein Hinweis z.B. „gebaut nach VDE 0700" besagt nur: Der Hersteller glaubt, die VDE-Vorschriften erfüllt zu haben. Es ist kein Nachweis, daß das Gerät die sicherheitstechnischen Prüfungen tatsächlich bestanden hat!

– Alle Geräte nur gemäß ihrer Bestimmung verwenden! Zum Beispiel darf eine Terrarienleuchte niemals als Aquarienleuchte benutzt werden; sie ist nicht ausreichend gegen Feuchtigkeit geschützt. Ebenso dürfen Aquarienheizer niemals am Gartenteich verwendet werden; Geräte für den Gebrauch im Freien müssen unter anderem mit völlig anderen Anschlußleitungen ausgerüstet sein.

Dringende Warnung: Der Selbstbau von Aquarienleuchten oder anderen Elektroartikeln (außer Batteriegeräten) ist ernsthaft gefährlich! Laien sind nicht imstande, alle Sicherheitsbestimmungen zu beachten. Wird jemand z.B. durch eine mangelhafte Leuchte verletzt oder gar getötet, dann sind Erbauer u n d Betreiber in unbegrenzter Höhe haftbar!

Guten Schutz vor ernsten Elektrounfällen bietet ein Fehlerstrom-Schutzschalter, kurz genannt

„FI-Schalter" (sprich: eff-i). Er kann zwar nicht immer einen elektrischen Schlag verhindern, aber er begrenzt ihn und senkt damit drastisch die Lebensgefahr, wie sie von defekten Elektrogeräten ausgeht. Ein FI-Schalter mißt den Strom, der den einen Steckdosenpol verläßt, und vergleicht ihn mit dem Strom, der am anderen Pol wieder hereinfließt. Stellt er eine gefährliche Differenz fest, geht also irgendwo Strom „verloren", dann schaltet der FI- Schalter das Stromnetz binnen 0,03 Sekunden allpolig ab. Das ist z.B. der Fall, wenn von einem defekten Gerät ein gefährlicher Strom über unseren Körper zur Erde abfließt.

FI-Schalter sind leicht nachrüstbar. Steckerfertige FI-Schalter zum Anschluß der gesamten Aquarien-Elektrik bietet der Zoohandel an (Bild 2-1 auf Seite 43). Der Kaufpreis ist niedrig in Anbetracht seiner guten Schutzwirkung. Wer einmal hilflos an einer Steckdose geklebt hat, weiß das! – Die weitaus beste Lösung ist, wenn ein Fachmann einen FI-Schalter in den zentralen Sicherungskasten einbaut. Das ist nur wenig teurer und gibt Schutz nicht nur im Aquarienbereich, sondern überall in der Wohnung, also auch in Küche, Hobbyraum und Badezimmer.

Sofern ein FI-Schalter installiert ist, dürfen Aquariengestell und/oder Aquarienwasser geerdet werden, zum Beispiel mit einem V2A-Stift oder Kohlestab. Der Vorteil: Der FI-Schalter kann bei defekten Geräten bereits früher auslösen, ohne daß in ungünstigen Fällen der auslösende Fehlerstrom über unseren Körper zur Erde fließt. Die Erdung ist jedoch zur Funktion des FI-Schalters prinzipiell nicht erforderlich.

Sehr wichtig: Niemals ein Aquarium ohne FI-Schalter erden! Auf gar keinen Fall!!! Sonst könnte, falls man ein mangelhaft isoliertes Gerät und gleichzeitig das geerdete Aquarium berührt, ein tödlich hoher Strom über unseren Körper fließen! Siehe Bild 2-2.

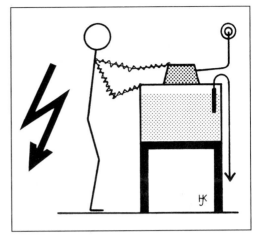

Bild 2-2: Niemals ein Aquarium ohne FI-Schalter erden! Falls man ein stromführendes Gerät und das geerdete Aquarium zugleich berührt, wäre ein tödlicher Stromschlag möglich!

Die beste Sicherheit bieten Kleinspannungsgeräte, die aus einem Sicherheits-Trenntransformator mit 24 Volt oder weniger betrieben werden. Der Transformator macht allerdings die Geräte teurer. Wenn aber die gesamte Technik am Aquarium von vornherein in Kleinspannung projektiert wird, also Kleinspannungsleuchten, -heizer, -thermostate und -motorpumpen benutzt und von demselben Transformator gespeist werden, sind die Mehrkosten erstaunlich gering. Mit nur etwa 20 % Gesamtaufschlag kann ein unübertroffen hoher elektrischer Sicherheitsstand erreicht werden. Wer irgend kann, sollte die spärlichen Angebote an derartigen Aquariengeräten unbedingt nutzen![1]

Die drastischen Hinweise auf die Gefahren des elektrischen Stromes sollen nicht etwa den Strom aus der Aquaristik verbannen. Sie sollen

[1] Ein komplettes 24-Volt-Kleinspannungssystem bietet z.Z. nur Fa. Dennerle an, bestehend aus: Transformator, Motorfilter, Stabheizer, Heizkabel, Zweikreis-Thermostat, Halogen-Beleuchtung.

11

Tabelle 2-A: Symbole auf Elektrogeräten

Symbol	Bedeutung	Symbol	Bedeutung
DVE	Vom **V**erband **D**eutscher **E**lektrotechniker wurde ein Mustergerät sicherheitstechnisch geprüft.		Netzstecker ziehen!
TÜV	Vom **T**echnischen **Ü**berwachungs-**V**erein wurde ein Mustergerät sicherheitstechnisch geprüft.		Temperaturmeßgerät.
GS	**G**eprüfte **S**icherheit. Ein Mustergerät wurde von einer neutralen staatlich anerkannten Prüfstelle sicherheitstechnisch geprüft.		Temperaturbegrenzer.
CE	Bedeutung ähnlich wie VDE-, TÜV- oder GS-Zeichen, von allen EG-Staaten gegenseitig anerkannt, im EG-Handel vorgeschrieben.		Temperaturbereich, durch zusätzliche Zahlenangaben näher beschrieben.
	Funkschutzzeichen. Das Gerät ist funkentstört.		Wassertemperatur.
	Schutzisolierung. Gerät ist doppelt isoliert (Schutzklasse II).		geregelte Heizung.
	Schutzkleinspannung. Gerät wird mit ungefährlicher Kleinspannung betrieben (Schutzklasse III).		Gleichrichter.
M	Elektromotor, z.B. bei Futterautomaten, Schaltuhren.		Thyristor. Steuerbarer Halbleiter, z.B. in Thermostaten.
	Überstromsicherung, meist kleine Feinsicherung.		Triac. Steuerbarer Halbleiter, z.B. in Dimmern.
	träge Sicherung, spricht erst nach längerer Überlast an.		Gerät darf nur in Räumen verwenden werden, nicht im Freien!
	Thermosicherung, schaltet ab bei Übertemperatur.		Aufforderung zur Rückgabe nach Gebrauch (Recycling), z.B. bei bestimmten Batterien.
	Transformator.		tropfwassergeschützt, Wasser darf von oben auf das Gerät fallen.
	Transformator, kurzschlußfeste Ausführung.		wasserdicht, eintauchbar.
	Trenntransformator. Ein- und Ausgangswicklung sind voneinander besonders isoliert.		spritzwassergeschützt, Wasser darf drucklos von allen Seiten kommen.
	Sicherheitstransformator, gekapselte Ausführung. Nennspannung unter 42 bzw. 24 Volt.		strahlwassergeschützt, Wasser darf mit Druck von allen Seiten kommen.

daran erinnern, daß in der normalen Steckdose (16 A) ein beachtliches Kraftpaket schlummert von 3,7 kW = 5 PS, das bei Fahrlässigkeit in Sekundenschnelle tödlich wirken kann. Der elektrische Strom ist aus dem täglichen Leben nicht mehr fortzudenken. Ohne Strom ist ein bequemer und sorgloser Betrieb des Aquariums nicht möglich!

Symbole auf Elektrogeräten

Auf Elektrogeräten sind deren Betriebsspannung (Volt) und Leistungsaufnahme (Watt) angegeben. Außerdem tragen sie mehrere Kurzzeichen und Symbole, die wichtige Informationen geben über Anwendungsbereich und besondere Geräteeigenschaften. Die Symbole sind international genormt, aber leider nicht immer sofort verständlich. Von den über 4000 Elektrosymbolen zeigt Tabelle 2-A die wichtigsten, wie sie auch auf Aquariengeräten zu finden sind.

Die letzten vier Tropfensymbole der Tabelle 2-A sind nur noch auf älteren Geräten zu finden. Der Schutzgrad gegen Nässe wird heute zusammen mit dem Schutzgrad gegen Fremdkörper angegeben durch das IP-Zeichen (Tabelle 2-B).

Tabelle 2-B: IP-Zeichen auf Elektrogeräten			
Schutz gegen Fremdkörper und Staub		Schutz gegen Nässe bei	
Fremdkörper über 50 mm	IP 1-	Tropfwasser senkrecht	IP -1
Fremdkörper über 12 mm	IP 2-	Tropfwasser schräg	IP -2
Fremdkörper über 2,5 mm	IP 3-	Sprühwasser	IP -3
Fremdkörper über 1,0 mm	IP 4-	Spritzwasser	IP -4
Staubablagerungen	IP 5-	Strahlwasser	IP -5
Staubeintritt	IP 6-	Überflutung	IP -6
		Eintauchen	IP -7
		Untertauchen	IP -8
Beispiel: Das Zeichen IP 34 auf einer Aquarienleuchte bedeutet: Geschützt gegen Fremdkörper, die größer sind als 2,5 mm (IP 3-) sowie gegen Spritzwasser (IP -4).			

Kranke Fische

Auch Fische können, wie alle Lebewesen, erkranken. Führende Ichthyologen schätzen, daß rund die Hälfte aller Zierfische krank ist. Hier werden jedoch keine Fischkrankheiten besprochen, sondern die eventuelle Gefährdung des Aquarienbetreibers durch kranke Fische.

Kranke Fische streuen ihre Krankheitserreger im Wasser aus und können dadurch andere Lebewesen anstecken. Fischkrankheiten sind zwar im allgemeinen nicht auf Warmblüter übertragbar, doch sind Fälle bekannt, bei denen der Pfleger eines Aquariums durch Fischtuberkulose z.B. Hauterkrankungen erlitt. Weil Ärzte kaum an solche Möglichkeiten denken, gelingt die richtige Diagnose oft erst nach Jahren oder überhaupt niemals; und so bleiben manche Erkrankungen rätselhaft und unbehandelt. Deshalb folgende Vorsichtsmaßnahmen einhalten:

– Bei frischen Verletzungen (auch kleinen!) oder offenen Wunden an Hand oder Arm nicht im Aquarienwasser hantieren! Nur die gesunde, intakte Haut besitzt, unter anderem durch ihren Fettfilm, einen guten Schutzmantel gegen die meisten Krankheitserreger und Parasiten.

– Aquarienwasser niemals mit dem Mund ansaugen! Bei der Inbetriebnahme von Außenfiltern oder beim Entleeren des Aquariums mittels Schlauch stören oft Lufteinschlüsse. Praktiker pflegen mit dem Mund am Rohr- bzw. Schlauchende die Luftblasen abzusaugen. Dabei kann unversehens Aquarienwasser in den Mund gelangen! Die Gefahr wächst mit der Anzahl der vergeblichen Versuche, weil sich dabei immer mehr Aquarienwasser auf der Saugseite ansammelt.

Zum risikolosen Ansaugen kleine Gummiballpumpen (Zoohandel) benutzen! Ebenso geeignet sind großvolumige Gummispritzen aus der Apotheke oder dem Sanitätsgeschäft; ist die Spitze am Gummiball zu lang, so kann man sie leicht mit einer Schere kürzen.

Wasserschäden

Nur selten läuft ein Aquarium leer und das Zimmer voll. Aber jedesmal ist der Schaden beträchtlich!

Zu den häufigsten Ursachen zählen undichte Schlauchverbindungen. Das meistverwendete Schlauchmaterial ist PVC (Polyvinylchlorid). In Kontakt mit dem Wasser verliert das PVC allmählich seine Weichmacher, und folglich werden die Schläuche mit der Zeit hart. Filterschläuche, die nach längerer Betriebszeit abgezogen und wieder aufgesteckt werden, sitzen nicht mehr fest. Deshalb grundsätzlich alle Schlauchanschlüsse mit Schellen sichern! Oder

man ersetzt alle PVC-Schläuche durch dickwandige Siliconschläuche, denn Silicon verliert seine Elastizität nicht.

Rahmenlose Aquarien sind beliebt und weit verbreitet. Bei schlechter Klebung werden sie nach einiger Zeit undicht. Meist beginnen sie an einer Stelle langsam zu tröpfeln, ohne daß der Schaden sofort bemerkt wird. Die Wassermengen sind anfangs nur gering und trocknen schnell, so daß erst nach einigen Wochen weiße Kalkspuren auf den Schaden hinweisen. Spontanes Aufreißen einer ganzen Klebenaht und damit ein plötzlicher Wasserausbruch sind selten.

Größere rahmenlose Aquarien haben eine oder mehrere Querspangen, die oben zwischen den Längsscheiben eingeklebt sind und ein Ausbauchen des Aquariums verhindern. Mitunter ist der Querschnitt der Querspangen und damit deren Klebefläche unterdimensioniert. Dann kann die Querspange – auch noch nach einigen Jahren – spontan abreißen; meist hält das Aquarium stand, aber die Scheiben bauchen sich beängstigend aus und mahnen zum raschen Absenken des Wasserspiegels.

Die Qualität einer Klebung läßt sich am fertigen Aquarium nicht mehr verläßlich beurteilen. Die Festigkeit hängt nicht nur von der Qualität des Klebers ab, sondern insbesondere von der Sorgfalt bei der Verarbeitung. Das läßt sich später nicht mehr kontrollieren, und deshalb ist man auf das Vertrauen in die sorgfältige und gewissenhafte Arbeit des Herstellers angewiesen.

Die Bodenscheiben sind relativ stark belastet und platzen manchmal. Die häufigsten Ursachen für den Bruch einer Bodenscheibe sind:

– Unebenheiten unter dem Aquarium. Stets eine Styroporplatte unterlegen!
– Überhitzung einer Heizmatte, Näheres auf Seite 82.

– Auf der Bodenscheibe wurden Terrassen oder andere Dekorationsteile angeklebt; durch Hebelwirkung wurde die Scheibe zu stark belastet.

Nützlich ist ein elektronischer Wasserwächter, wie auf Bild 2-3 Seite 43. Er gibt laut Alarm, sobald seine Elektroden feucht werden. Man kann ihn z.B. oben am Rand einhängen, wenn das Aquarium mit einem Schlauch aus dem Wasserhahn gefüllt wird. Bevor das Aquarium überläuft, mahnt der Wasserwächter laut piepsend zum Abdrehen des Wassers. Man kann den Wasserwächter auch neben oder unter das Aquarium (oder die Waschmaschine, das Baby usw.) legen; er wird jedes Auslaufen lautstark melden. Wenn im Zoohandel oder Elektronikladen kein geeigneter Wasserwächter erhältlich ist, so bittet man einen Bastler um Hilfe (Bild 2-4).

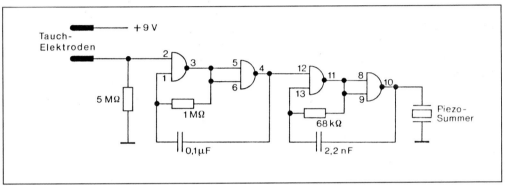

Bild 2-4: Schaltbild eines Wasserwächters mit dem CMOS-Baustein 4093. In Ruhe wird kein Strom verbraucht. Daher benötigt das Gerät keinen Schalter, und eine 9-V-Blockbatterie hält jahrelang.

Versicherungen

Auslaufendes Wasser kann beträchtlichen Schaden verursachen. Und zwar nicht nur im Aquarienraum, sondern auch in den darunterliegenden Stockwerken. Wer einmal einen vollen Wassereimer umgestoßen hat (übliche Größe 10 l), kann den Umfang der Überschwemmung ahnen. Ein mittleres Aquarium hat den 10fachen Inhalt! Die Hoffnung, daß eine Versicherung den Schaden ersetzt, wird oft enttäuscht, denn die Grenzen des Schadensersatzes sind eng. Je nach Art der Schäden sind andere Versicherungen zuständig.

Eigenschäden

Hierzu zählen Schäden an den eigenen Teppichen, Möbeln usw. Viele Hausratversicherungen lehnen jegliche Ersatzleistung ab, weil nur Schäden durch Leitungswasser versichert sind. Aquarienwasser aber fließt im Schadensfall nicht aus der Leitung, sondern aus dem Aquarium, und ist deshalb versicherungsrechtlich kein Leitungswasser! Einige Versicherer jedoch decken auch Schäden durch auslaufendes Aquarienwasser. Das sollte man sich schriftlich bestätigen lassen, und zwar v o r dem Abschluß der Hausratversicherung.

Haftpflichtschäden

Werden andere Personen durch den Betrieb des Aquariums geschädigt, so ist der Aquarienbesitzer in voller Höhe haftbar. Wenn also Aquarienwasser in die darunter gelegene Wohnung läuft, fordern der betroffene Mieter oder Hauseigentümer Ersatz für die angerichteten Schäden. Im Schadensfall benachrichtige man seine Privat-Haftpflichtversicherung und leite die Rechnungen der Geschädigten dorthin weiter. Es empfiehlt sich, die Rechnungen nicht im voraus zu bezahlen in der Überzeugung, daß der Versicherer das verauslagte Geld ersetzen wird. Versicherer pflegen, durchaus zu Recht, bei Schäden an älteren Gegenständen erhebliche Abzüge zu machen „Neu für Alt". – Der Abschluß einer Privat-Haftpflichtversicherung ist auch ohne Aquarienbesitz sehr zu empfehlen. Sie schützt gegen alle Regreßansprüche, die sich im täglichen Leben als Privatperson leicht ergeben können; wer einmal vergaß, beim Verlassen der Mietwohnung den Herd auszuschalten und bei seiner Rückkehr die Feuerwehr, ein abgebranntes Haus und dessen ehemaligen Eigentümer vorfand, weiß, wovon die Rede ist.

Schäden am Aquarium

Hierzu zählen das zerbrochene Aquarium, Verlust an Fischen, Pflanzen usw. Hier ist keine der üblichen Versicherungen ansprechbar. Diese unmittelbaren Schäden gehen daher zu eigenen Lasten. Manche Versicherer haben diese Lücke erkannt und bieten über organisierte Aquarienvereine einen umfassenden Versicherungsschutz an gegen sämtliche zuvor genannten Schäden. Man erkundige sich vorher nach den Bedingungen und lasse sie sich genau erklären!

Zum Abschluß sei wiederholt: Unfälle sind in der Aquaristik selten. Einige Fehler aber werden aus Unkenntnis immer wieder gemacht. Durch etwas Umsicht lassen sich ernste Zwischenfälle vermeiden. Die Freude soll erhalten bleiben an unserem schönen Hobby Aquaristik!

Sicherheit – kurz und bündig

- Nur Elektrogeräte mit VDE-, TÜV-, GS- oder CE-Zeichen benutzen.
- Alle Elektrogeräte nur gemäß ihrer Bestimmung verwenden.
- FI-Schalter installieren; er kann Leben retten! Sogar das eigene!
- Die Symbole auf Elektrogeräten beachten.
- Mit Wunden (auch kleinen) niemals im Aquarienwasser hantieren.
- Kein Aquarienwasser mit dem Mund ansaugen.
- Schlauchanschlüsse mit Schellen sichern.
- Keine Dekorationen an der Bodenscheibe festkleben.
- Nur Aquarien von wirklich verläßlichen Herstellern kaufen.
- Versicherungsschutz gegen Eigenschaden und Haftpflicht prüfen.

3. Das Aquarium

Das Aquarium ist der wichtigste Teil einer Aquarienanlage und muß ganz besonders sorgfältig ausgewählt werden. Mängel, und damit sind nicht nur technische Fehler am Aquarium selbst gemeint, sondern auch Fehlentscheidungen hinsichtlich Größe oder Aufstellungsort, machen sich oft erst später bemerkbar und lassen sich dann kaum noch korrigieren. Das kann recht ärgerlich sein, weil man mit solchen etwaigen Mängeln tagtäglich erneut konfrontiert wird.

Werkstoffe

Zum Bau von Aquarien eignen sich alle Werkstoffe, die genügend Stabilität besitzen, wasserfest sind und keine für Pflanzen oder Fische giftigen Stoffe an das Wasser abgeben. Geeignet sind zum Beispiel Glas, Acrylglas und Faserzement.

Glas

Glas hat sich seit vielen Jahrzehnten im Aquarienbau bewährt. Es verhält sich chemisch nicht völlig neutral, sondern gibt winzige Spuren ab von Alkalien und Kieselsäure. Die Löslichkeit steigt mit dem pH-Wert, doch scheinen die Mengen aquaristisch ohne Bedeutung zu sein.

Glas hat ungefähr die Dichte 2,5 (Wasser = 1). Ein cm^3 Glas wiegt also 2,5 g. Hieraus resultiert das beachtliche Transportgewicht leerer Aquarien.

Drahtglas darf im Aquarienbau nicht verwendet werden, auch nicht für die Bodenscheibe. Sobald Wasser von der Seite her an die Drahteinlage gelangt, beginnt der Draht zu rosten. Rost hat ein größeres Volumen als das ursprüngliche Eisen und sprengt das umgebende Glas ab. Dieser Prozeß schreitet allmählich fort.

Früher wurden ausschließlich Rahmenaquarien hergestellt. Ein aus Winkeleisen zusammengeschweißter Rahmen diente als statisch tragendes Gestell, in das von innen die Glasscheiben mit Kitt hineingesetzt wurden. Der Wasserdruck des gefüllten Aquariums preßte die Scheiben an den haltgebenden Rahmen. Dieses aufwendige Verfahren wird heute nur noch für sehr große Aquarien angewendet, jedoch wird anstelle des leicht versprödenden Kittes ein dauerelastischer Siliconkleber benutzt.

Heute haben sich – vor allem im Hobbybereich – mit Siliconkautschuk geklebte Aquarien ohne Rahmen durchgesetzt. Gelegentlich wird ein leichter Zier-Rahmen ohne tragende Funktion verwendet, der den Lichtspalt und den Kalkrand in Höhe des Wasserspiegels verdecken soll.

Geklebte Aquarien ab etwa 1 m Länge haben eine oder mehrere Querstreben, um das Ausbauchen der Scheiben zu verhindern. Manche Hersteller benutzen keine Querstreben, sondern verstärken den oberen Rand der Front- und Rückscheiben durch Aufkleben von Glasstreifen; solche Aquarien sind zwar von oben besser zugänglich, aber das Reinigen der Frontscheibe wird erschwert.

Siliconklebenähte bleiben elastisch und können leichte Bewegungen der Scheiben auffangen. Vorsicht ist geboten beim Reinigen der Scheiben mit einer Rasierklinge, denn die Klebenähte könnten leicht verletzt werden.

Medikamente zur Behandlung von Fischkrankheiten enthalten als Arzneibestandteil häufig sehr intensive Farbstoffe. Hierzu zählen z.B.

Methylenblau oder Malachitgrün. Diese verfärben die Klebenähte oft. Mehrere führende Kleberhersteller haben Versuche durchgeführt mit aquaristisch gebräuchlichen Medikamenten bis zu 15facher Überdosierung; das Ergebnis war: Die Festigkeit der Siliconklebung wird trotz Einfärbung nicht beeinträchtigt.

Bei silicongeklebten Aquarien kommt es vor, daß die Klebenähte durch Algen unterwandert werden und sich schließlich vom Glas lösen. Es betrifft sowohl durchsichtige wie auch undurchsichtige Silicon-Klebenähte. Rücksprachen mit namhaften Herstellern von Aquarien und Siliconklebern ergaben: Die Ursachen liegen ausnahmslos in der Verwendung eines nicht aquariengeeigneten Klebers oder in mangelhafter Vorbereitung der Klebestelle. In beiden Fällen haftet der Siliconkleber schlecht auf dem Glas und bietet winzige Spalten für die Algenunterwanderung.

Wenn die Klebung Luftblasen oder feine Kräusellinien zeigt, wurde unsachgemäß gearbeitet, und es muß mit schlechter Haltbarkeit gerechnet werden. Ansonsten läßt sich die Qualität der Klebung am fertigen Aquarium kaum verläßlich beurteilen. Der Käufer ist also auf das Vertrauen in die Qualitätsarbeit des Herstellers angewiesen. Bewährte Markenfabrikate haben nicht nur reichliche Erfahrungen im Aquarienbau, sondern möchten auch ihren Ruf nicht verlieren!

Einwandfreie Klebungen haben folgende Eigenschaften:

– Sie werden nicht von Algen unterwandert.
– Unter Zugbelastung bis zur Zerstörung zerreißt der Siliconkleber; er löst sich aber nicht vom Glas!

Der Selbstbau von rahmenlosen, mit Siliconkautschuk geklebten Aquarien wird auf Seite 25 beschrieben.

Acrylglas

Acrylglas ist ein organisches Kunstglas. Es wird z.B. von der Firma Röhm hergestellt unter dem geschützten Markennamen „Plexiglas[2]".

Acrylglas läßt sich leicht sägen und bohren. Nach Erwärmen auf 140-150 °C erweicht es und läßt sich beliebig biegen. Mit einem Spezialkleber (z.B. Acryfix 190) kann es zuverlässig geklebt werden. Die Klebestelle hat die gleiche Festigkeit wie das Grundmaterial, ist ebenfalls glasklar und deshalb kaum zu erkennen. Die Klebestellen sollten nach dem Aushärten einer Wärmebehandlung (Tempern) unterzogen werden. Sonst färben sie sich infolge Feuchtigkeitsaufnahme allmählich weiß, ohne aber dadurch wesentlich an Festigkeit zu verlieren.

Wie Bild 3-1 zeigt, sind bei Aquarien aus Acrylglas nur zwei Klebenähte erforderlich. Dadurch lassen sich echte Vollsichtbecken realisieren.

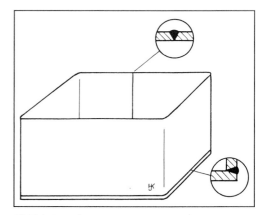

Bild 3-1: Aquarien aus Acrylglas brauchen nur zwei Klebenähte: Eine auf der Bodenscheibe umlaufende Naht und eine in der Mitte der Rückscheibe. Die Klebestellen werden mit einer Feile zur Fuge geformt und dann mit flüssigem Acrylat aufgefüllt. Die Klebenähte sind später fast unsichtbar!

Acrylglas hat eine relativ weiche Oberfläche, deshalb erfordern die Aquarien etwas Sorgfalt bei der Pflege. Aufwuchsalgen niemals mit einer Rasierklinge abschaben! Geeignet ist ein weiches Tuch oder weiche Filterwatte, die öfter gewendet und ausgewaschen wird.

Die Außenseite darf niemals trocken abgerieben werden, Kratzergefahr! Keine Lösungsmittel benutzen, auch keinen Spiritus, denn durch Alkohol versprödet das Acrylglas allmählich. Geeignet sind haushaltsübliche Geschirrspülmittel. Achtung: Diese dürfen keinesfalls in das Aquarienwasser gelangen! Sie sind oberflächenaktiv und stören den Gasaustausch in den Fischkiemen; sie wirken somit stark fischgiftig.

Leichte Kratzer in den Scheiben können mit speziellen Poliermitteln (z.B. „Plexipol®") und einigem Kraftaufwand wieder entfernt werden. Vorteilhafter ist „wischkratzfestes" Acrylglas, dessen Oberfläche mit einer 2-3 µm dünnen Schutzschicht überzogen ist.

Im Vergleich zu normalem Glas hat das Acrylglas eine rund 7fach höhere Festigkeit, ist erheblich elastischer und leichter im Gewicht. Seine Steifigkeit ist allerdings geringer. Deshalb sollte die Scheibendicke nicht dünner gewählt werden als bei normalem Glas. Siehe hierzu die Glasdickentabelle auf Seite 25 und 26.

Acrylglas nimmt etwas Wasser auf und quillt. Deshalb neigen die Scheiben auf der Naßseite zum Ausbauchen. Weil aber die Wasserfüllung entgegen drückt, bleiben die Boden- und Seitenscheiben des Aquariums gerade. Bei den Deckscheiben drückt kein Wasser entgegen, deshalb verziehen sie sich tellerartig und müssen nach wenigen Wochen gewendet werden; man verwendet besser Deckscheiben aus Glas.

Zusammengefaßt ist Acrylglas ein empfehlenswerter Werkstoff zum Bau sehr dekorativer Vollsicht-Aquarien, die nur wenige und absolut unauffällige Klebungen haben. Acrylglas wird in Dicken bis 25 Zentimeter (!) angeboten und ist deshalb auch beim Bau von Großaquarien beliebt. Allerdings erfordert es wegen seiner weicheren Oberfläche etwas mehr Sorgfalt bei der Pflege.

Faserzement

Faserzement ist ein preiswertes Plattenmaterial aus dem Baustoffhandel. Es ist besser bekannt unter seinen Handelsnamen wie „Eternit" oder „Fulgurit". Die Rohstoffe sind Zement und verschiedene Füllfasern, wie etwa Zellstoff und Vinyl- oder Acrylkunststoff.

Früher wurden Asbestfasern benutzt und das Produkt Asbestzement genannt. Asbest gilt als krebserregend, sobald sein feiner Staub in die Lunge gerät. Dagegen ist es ungefährlich, Wasser, das durch asbesthaltige Röhren oder Filter geflossen ist, zu trinken oder Asbestprodukte zu berühren. Der moderne Faserzement ist asbestfrei und daher in jeder Hinsicht gesundheitlich unbedenklich.

Faserzement hat eine Dichte von etwa 1,7 (Wasser = 1). Ein cm^3 wiegt also etwa 1,7 g und ist damit bedeutend leichter als Glas (2,5 g). Faserzement ist resistent gegen UV-Strahlen und witterungsbeständig, und kann daher auch für Aquarien im Freien verwendet werden. Unter Wärme dehnt sich das Material aus, und zwar je 10 °C um 0,1 mm je Meter, sowie durch Aufnahme von Wasser um etwa 2 mm je Meter. Diese Materialbewegungen müssen nötigenfalls aufgefangen werden, zum Beispiel im Bereich der Glasscheibe durch eine genügend dicke Schicht des Siliconklebers.

Aquarien aus Faserzement lassen sich leicht und preiswert in beliebigen Abmessungen herstellen. Das Material ist in Form von Platten, Winkelprofilen usw. im Baustoffhandel erhältlich und kann auch von Hand gesägt und gebohrt werden. Aquarien sollten nicht durch Verschrauben zusammengefügt werden, weil sich die Zugkräfte an jeder Bohrung konzentrieren und das Material durch die Löcher geschwächt wird. Es ist besser, das Plattenmaterial in den Ecken zu verkleben mit einem für Faserzement geeigneten Zweikomponentenkleber. Die Frontseite wird als Rahmenausschnitt gestaltet, und von innen eine Glasscheibe, die etwas größer ist als der Ausschnitt, mit Siliconkleber eingesetzt. Über die notwendige Materialstärke und das Verbindungsmaterial lasse man sich vom Lieferanten beraten, der am besten auch gleich die Platten zuschneidet.

Zement enthält Calciumverbindungen, die sich spurenweise im Wasser lösen können. Bei weichen und kohlensäurereichen Wässern kann daher in der ersten Betriebszeit die Härte des Wassers allmählich zunehmen und der pH-Wert ansteigen (bis 9,3 möglich!). Aber nur selten entstehen dadurch Probleme, weil aus aquaristischen Gründen ohnehin regelmäßig ein Teil des Wassers gewechselt werden muß, und außerdem bildet sich nach einiger Zeit durch Verkieselung eine Isolierschicht. Man kann auch das Aquarium mit einer Schutzschicht aus Epoxidharz ausstreichen (siehe auch Seite 44).

Aquarien aus Faserzement sind robust und praktisch unbegrenzt haltbar. Faserzement eignet sich geradezu ideal für größere Aquarien, besonders wenn sie ungewöhnliche und komplizierte Abmessungen haben oder im Freien stehen. Falls die Glasfrontscheibe im Laufe der Jahre durch Kratzer unansehnlich geworden sein sollte, läßt sie sich leicht auswechseln. Die zementgraue Außenseite wirkt zwar nicht gerade dekorativ, aber sie läßt sich mit Farbe anstreichen oder mit Klebefolien beliebig verkleiden.

Die richtige Größe

Vom biologischen Zusammenspiel betrachtet, kann ein Aquarium kaum groß genug sein. Insbesondere Fische sind für große Aquarien dankbar mit genügend Freiraum zum Schwimmen und vielen Versteckplätzen. Nicht nur der Anfänger, sondern auch viele erfahrene Aquarianer begehen den Fehler, das Aquarium zu klein zu wählen. Die Anzahl der Fische, die gepflegt werden sollen, steigt ständig! Klagen über ein zu großes Aquarium sind seltene Ausnahmen; viel häufiger wird der Wunsch laut nach einem noch größeren Aquarium. Die Praxis zeigt außerdem, daß große Aquarien biologisch stabiler sind und weniger Pflegearbeit erfordern als kleinere. Ein Aquarium sollte nicht kleiner als 100 Liter gewählt werden.

Die Abmessungen an einem Aquarium werden anders als bei Möbeln bezeichnet, siehe Bild 3-2.

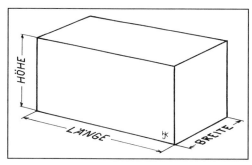

Bild 3-2: Am Aquarium werden die Abmessungen anders bezeichnet als bei Möbeln.

Die Aquarienlänge sollte, sofern Leuchten für Leuchtstofflampen benutzt werden, der jeweiligen Lampenlänge entsprechen. Daraus ergeben sich Vorzugslängen von 60, 80 und 100 cm, oder besser von 70, 130 und 160 cm. Die drei letztgenannten Aquarienlängen sind besonders vorteilhaft, denn hierfür gibt es die größte Auswahl an Lampen-Lichtfarben.

Die Aquarienhöhe und -breite sollten annähernd gleich sein. Hier müssen zwei Punkte berücksichtigt werden: Zum ersten findet an der Grenzschicht Luft-Glas-Wasser eine eigentümliche Lichtbrechung statt, die den Wasserraum optisch stark verkürzt; deshalb darf die Breite des Aquariums nicht zu knapp gewählt werden, damit ein harmonisches Aussehen gewährleistet ist.

Zum zweiten soll die sich aus der Höhe und Breite ergebende Diagonale des Aquariums etwa 70 cm nicht überschreiten (Bild 3-3). Dieses Maß entspricht der Distanz Achselhöhle–Fingerspitzen. Pflegearbeiten werden erschwert, wenn man mit der Hand nicht in alle Ecken des Aquariums gelangen kann. Das Einsetzen oder Kürzen von Aquarienpflanzen mittels Holzzange oder Plastikgreifer ist ein Geduldspiel!

Bild 3-3: Die sich aus Höhe und Breite ergebende Diagonale soll nicht größer sein als die Armlänge, also 65-70 cm. Sonst lassen sich Pflanzen im Hintergrund nicht mehr mit der Hand erreichen. Das erschwert das Einkürzen oder Entfernen alter Blätter außerordentlich.

Errechnung der Diagonalen

$$\sqrt{\text{Breite}^2 + \text{Höhe}^2} = \text{Diagonale}$$

Beispiel: $\sqrt{40^2\,\text{cm} + 50^2\,\text{cm}} = 64\,\text{cm}$

Beispiele für zweckmäßige Abmessungen zeigt Tabelle 3-A.

Tabelle 3-A: Zweckmäßige Maße für Aquarien (Beispiele)

L x B x H cm cm cm	Inhalt Liter	Diagonale cm
60 x 35 x 40	84	53
* 70 x 42 x 45	132	62
80 x 42 x 45	151	62
100 x 42 x 50	210	65
*130 x 42 x 50	273	65
*160 x 45 x 50	360	67
*160 x 50 x 50	400	71

Kriterien:
1. Die Diagonale soll ca. 70 cm (Distanz Achselhöhle–Fingerspitze) nicht überschreiten.
2. Für diese Längenmaße gibt es passende Leuchtstofflampen.

* Bei diesen Längen ist die Auswahl an Lampen-Lichtfarben am größten.

Bei großen Aquarien vor dem Kauf unbedingt den Transportweg zum Aufstellungsort prüfen. Dabei besonders achten auf kleine Aufzugkabinen, schmale Türdurchlässe und enge Winkel. Engpässe in Ecken kann man oft überwinden, indem man das scheinbar zu große Aquarium hochkant auf einen alten Teppich stellt und um die Kurve zieht. – Sehr große Aquarien direkt am Aufstellungsort kleben lassen!

Der richtige Platz

Aquarien sollten grundsätzlich nicht am Fenster aufgestellt werden und auch kein direktes Sonnenlicht erhalten; eine Massenvermehrung lästiger Algen könnte die Folge sein. Die Kunstlichttechnik hat heute einen so hohen Qualitätsstand erreicht, daß auf Tageslicht für das Aquarium bedenkenslos verzichtet werden kann.

Der Einblick in das Aquarium ist optimal, wenn sich der Wasserspiegel etwa in Augenhöhe befindet. Soll z.B. das Aquarium als dekorative Zierde bequem vom Sessel betrachtet werden, dann beträgt die richtige Höhe des Wasserspiegels etwa 1,00 bis 1,10 m. Dieses Maß muß sich durch die Höhe des Unterbaues plus Höhe des Aquariums ergeben (Bild 3-4).

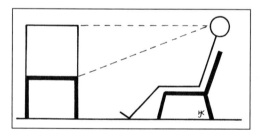

Bild 3-4: Der Wasserspiegel soll sich in Augenhöhe befinden, dann ist der Einblick optimal.

Sehr dekorativ wirken Aquarien als Raumteiler, die von beiden Seiten betrachtet werden können. Dadurch lassen sich reizvolle kleine Sitzecken schaffen.

Glasscheiben spiegeln. Lichtreflexe in den Aquarienscheiben lassen Einzelheiten im Aquarium nur schwer erkennen und stören sehr (Bild 3-5). Deshalb sind Stellplätze gegenüber von Fenstern oder Beleuchtungskörpern ungünstig. Besser geeignet sind Zimmerecken neben den Fenstern, jedoch muß die dem Fenster zugewandte Seite des Aquariums gegen direktes Tageslicht geschützt werden (Algenbefall!), z.B.

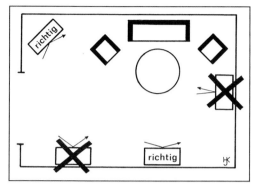

Bild 3-5: Weder Fenster noch Leuchten dürfen sich im Aquarium spiegeln. Sonst wird der Einblick stark beeinträchtigt!

durch Bekleben mit einer Dekofolie. Aquarien werden gerne nahe der Sitzgruppe aufgestellt, weil dies der schönste und bequemste Platz zum Betrachten ist; hier besteht die Gefahr, daß am Abend sich die Leuchten der Sitzgruppe im Aquarium spiegeln. Zur Abhilfe kann man versuchen, das Aquarium etwas mehr seitlich aufzustellen oder die Leuchten etwas zu versetzen. Ein gefülltes und fertig eingerichtetes Aquarium läßt sich nicht mehr verschieben! Erfahrene Praktiker hängen vorher einen großen Badezimmerspiegel aus und stellen ihn am geplanten Aufstellungsort als Aquarienersatz hin!

Der Unterbau

Aquarien haben ein beträchtliches Gewicht. Jeder Liter Wasser wiegt 1 kg. Hinzu kommt das Gewicht des Bodengrundes (Schüttgewicht etwa 1,6 kg/l) und von den Glasscheiben (Dichte 2,45 g/cm^3). Als Faustformel für das gefüllte Aquarium gilt:

Betriebsgewicht (kg)
$\approx$ 1,3 x Aquariengröße (l)

Beispielsweise wiegt ein fertig eingerichtetes 100-Liter-Aquarium etwa 130 kg, und ein für das Wohnzimmer durchaus noch akzeptables 500-Liter-Aquarium wiegt etwa 650 kg. Diese hohen Gewichte ruhen auf einer relativ kleinen Fläche von 0,3 bzw. 0,8 m². Das erfordert eine sehr stabile Unterlage, auf der das Aquarium mit seiner ganzen Bodenfläche ruhen kann. Am besten benutzt man spezielle Aquarienunterschränke, die zugleich Stauraum bieten für das Aquarienzubehör, wie zum Beispiel auf Bild 3-6 (Seite 38). Die Füße müssen in der Höhe verstellbar sein, denn oftmals ist der Fußboden am Zimmerrand mehrere Millimeter höher als in der Mitte.

Bei rahmenlosen Aquarien muß die Bodenscheibe ganzflächig aufliegen. Damit sie nicht durch kleine Unebenheiten gefährdet wird (Punktbelastung!), stellt man das Aquarium auf eine mindestens fünf Millimeter dicke Styroporplatte. Das Überstehende läßt sich mit einer scharfen Rasierklinge sauber abschneiden. (Hinweis: Heizmatte, falls gewünscht, nicht vergessen! Siehe Kapitel Heizung.)

Durch eine Probefüllung prüft man die Dichtheit des Aquariums und kontrolliert am Wasserspiegel, ob es genau waagerecht steht. Abschließend schreitet man federnd und wippend durch das Zimmer. Wenn dabei das Aquarium zu schaukeln beginnt und Wasser herausschwappt, so muß der Unterbau stabilisiert werden. Oft genügen zwei Schrauben, mit denen der Unterbau zusätzlich an der Wand befestigt wird.

Ältere Häusern haben Dielenfußboden; er ist nur wenig belastbar. Hier lassen sich nur kleine Aquarien aufstellen. Dabei unbedingt darauf achten, daß die Last auf den tragenden Balken ruht. Die Dielenbretter zwischen den Balken sind zu schwach und geben nach. Die Lage der Balken läßt sich oft an der Nagelreihe in den Dielen erkennen.

Moderne Häuser haben Betonfußböden. Diese sind üblicherweise für eine Verkehrslast von 300-400 kg/m² ausgelegt. Das erscheint viel, jedoch wird dieser Wert von einem Aquarium wegen seiner relativ kleinen Aufstellfläche oft überschritten. So zum Beispiel belastet ein 500-Liter-Aquarium den Fußboden mit etwa 800 kg/m². Weil aber nicht jeder einzelne Quadratmeter im Raum dieser Belastung ausgesetzt ist und die Aquarien meist an der Wand aufgestellt werden (dort ist der Fußboden tragfähiger), gibt es nur selten Probleme. Bei geringsten Zweifeln muß unbedingt ein Architekt oder ein Statiker befragt werden!

Der Estrich (Fußbodenbelag) im Wohn- und Bürobereich soll den Trittschall dämpfen, den der Beton sonst weithin überträgt. Schalldämmendes Material ist weich. Zwar ist die Oberschicht des Estrich härter, um vorübergehende Punktbelastungen, z.B. durch Absätze von Damenschuhen, zu überstehen (etwa 80 kg/cm²), aber bei Dauerbeanspruchung können schon

Tabelle 3-B: Mindestgröße der Füße vom Aquarienunterbau (Belastung 20 kg/cm²)			
Aquarium		Anzahl der Füße	
Größe	Gewicht	4	6
80 l	104 kg	1,3 cm²	0,9 cm²
100 l	130 kg	1,6 cm²	1,1 cm²
200 l	260 kg	3,3 cm²	2,2 cm²
500 l	650 kg	8,1 cm²	5,4 cm²
800 l	1040 kg	7,4 cm²	8,7 cm²
1000 l	1300 kg	16,3 cm²	10,8 cm²

Beispiel: Ein 500-l-Aquarium hat einen Unterbau mit 6 Füßen; dann muß jeder Fuß eine Mindestauflagefläche haben von 5,4 cm².

wesentlich geringere Lasten häßliche Markierungen hinterlassen. Manche Aquarien-Unterschränke haben zu dünne Füße und drücken sich unter der Last des Aquariums allmählich in den Estrich hinein. Die Tabelle 3-B gibt die Mindestgröße der Fußflächen an unter Berücksichtigung einer Belastung von 20 kg/cm^2. Werden die Tabellenwerte unterschritten, muß man durch Unterlegen von mindestens 3 mm dicken Eisenblechen die Auflagefläche vergrößern.

Das Aquarium – kurz und bündig

– Als Material eignen sich z.B. Glas, Acrylglas und Faserzement.

– Die Länge des Aquariums soll, falls Abdeckleuchten mit Leuchtstofflampen benutzt werden, etwa 70, 130 oder 160 cm betragen.

– Höhe und Breite des Aquariums sollen etwa gleich sein; dabei soll die Diagonale nicht größer sein als 65-70 cm.

– Zweckmäßige Maße von Aquarien nach Tabelle 3-A bevorzugen!

– Rahmenlose Aquarien mit Glasboden müssen auf einer weichen Unterlage ruhen, z.B. auf einer Styroporplatte.

– Der Einblick in das Aquarium ist optimal, wenn der Wasserspiegel in Augenhöhe ist; bei sitzender Betrachtung also in 1,00 bis 1,10 m Höhe.

– Betriebsfertige Aquarien wiegen schwer, sie verlangen einen sehr stabilen Unterbau.

– Bei Dielenfußböden darf die Last nur auf den Balken ruhen.

– Größere Aquarien überschreiten häufig die zulässige Deckenbelastung; Wandnähe bevorzugen!

– Die Füße des Aquarienunterbaus sollen den Estrich nicht stärker belasten als etwa 20 kg/cm^2 (Tabelle 3-B).

4. Selbstbau rahmenloser Aquarien

Der Selbstbau setzt handwerkliches Geschick und sauberes Arbeiten voraus. Wer nur einige wenige Aquarien bauen möchte, sollte diese lieber kaufen. Erst nach längerer Übung gelingt es, einwandfreie Aquarien anzufertigen.

Wirtschaftlich lohnt sich der Selbstbau nur dann, wenn das Glas wirklich preiswert zur Verfügung steht.

Billiges Importglas entspricht nicht immer den deutschen bzw. europäischen Normen und kann z.B. eine relativ weiche Oberfläche besitzen. Aquarien aus solchem Glas werden beim Algenabschaben übel zerkratzt. – Minderwertiges Glas ist schwer zu erkennen. Mitunter verrät es sich durch eine unebene Oberfläche. Zur Prüfung schräg auf die Scheibe schauen und das Spiegelbild auf Verzerrungen prüfen; oder noch besser, Sonnenlicht in eine dunkle Stelle des Raumes spiegeln. Allerdings sind Verzerrungsfreiheit und Kratzfestigkeit zwei verschiedene Qualitätsmerkmale, die keineswegs miteinander gekoppelt sein müssen.

Die folgenden Beschreibungen der einzelnen Arbeitsabläufe sind keineswegs als verbindliche Vorschriften anzusehen, sondern jeder wird sie später gemäß seinen persönlichen Erfahrungen und Fertigkeiten entsprechend abwandeln.

Scheibendicke

Die Dicke der Scheiben darf nicht zu knapp bemessen sein. Nicht allein wegen der Bruchgefahr, sondern weil von der Scheibendicke auch die Breite der Klebenaht und damit die Zugfestigkeit der Klebung abhängt. Rein statisch betrachtet dürfen die kleineren Seitenscheiben dünner bemessen sein als die großen Längsscheiben. Zweckmäßig aber werden alle senkrechten Scheiben gleich dick gewählt, und zwar entsprechend der größten Scheibe, damit die Klebenähte nicht zu schmal ausfallen.

Die Glasdicken-Tabellen gelten für Fenster- oder Spiegelglas nach DIN 1249. Sie stützen sich auf Berechnungen der Glasindustrie und des Institutes des Glaserhandwerks. Es wurde eine Biegespannung von maximal 7 N/mm^2 zugrundegelegt, deshalb darf man (bei unbeschädigter Glasoberfläche usw.) eine etwa 6fache Sicherheit annehmen.

Tabelle 4-A: Mindestdicke der senkrechten Scheiben in Millimeter								
Höhe in cm	Aquarienlänge in cm							
	60	70	80	90	100	120	150	200
30	5	5	6	6	6	6	6	8
40	6	6	6	8	8	8	8	10
50	8	8	8	10	10	10	10	12
60	8	10	10	10	12	12	12	15

Hinweis: Für die schmaleren Seitenscheiben wird die gleiche Dicke gewählt wie für die großen Front- und Rückscheiben.

Tabelle 4-B: Mindestdicke der selbsttragenden Bodenscheibe in Millimeter

Wasser-stand in cm	Maße der Bodenscheibe in cm								
	Breite	Länge 60	70	80	90	100	120	150	200
40	30	8	8	8	8	8	8	8	8
	35	8	8	8	8	8	8	10	10
	40	8	10	10	10	10	10	10	10
	45	8	10	10	10	10	10	12	12
	50	10	10	10	12	12	12	12	12
50	40	10	10	10	10	10	12	12	12
	45	10	10	12	12	12	12	12	12
	50	10	12	12	12	12	15	15	15
	55	10	12	12	12	15	15	15	15
	60	10	12	12	15	15	15	15	19
60	50	12	12	12	15	15	15	15	15
	55	12	12	15	15	15	15	15	19
	60	12	12	15	15	15	19	19	19

Hinweis: Die Dicken gelten für selbsttragende Bodenscheiben (z.B. wie beim Rahmengestell). Wenn die Bodenscheibe ganzflächig aufliegt, so genügen etwa 70 % der Werte.

Scheibenmaße

Bei den Scheibenmaßen müssen auch die Dicke und die Lage der Klebenähte berücksichtigt werden. Die Dicke der Klebenähte soll etwa der halben Glasdicke entsprechen, damit der Kleber Spannungen, die beim „Arbeiten" der Scheiben unvermeidlich entstehen, elastisch auffangen kann. Niemals darf Glas an Glas stoßen!

Klebenähte sollen gleichmäßig über ihren gesamten Querschnitt beansprucht werden. Das ist bei der Klebung nach Bild 4-1 links der Fall. Dagegen werden Klebungen nach Bild 4-1 rechts sehr ungleich beansprucht: Wenn sich unter Belastung die Scheiben z.B. um 0,5 mm auseinan-derbewegen, so ist der Kleber direkt an der Innenkante bereits total überdehnt und kann einreißen, während der Kleber an der Außenseite kaum gedehnt wurde und deshalb auch kaum Kräfte auffangen konnte.

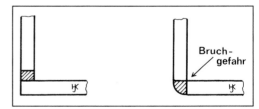

Bild 4-1: Die linke Klebung wird über den ganzen Querschnitt gleichmäßig beansprucht und kann deshalb hohe Kräfte aufnehmen. Die rechte Klebung wird im Bereich der Innenkante (Pfeil) leicht überdehnt und kann dort einreißen, während gleichzeitig die Außenseite weit unterbeansprucht ist.

Siliconkleber vertragen Zugbelastungen besser als Scherbelastungen, deshalb sollen die Scheiben so geschnitten sein, wie Bild 4-2 zeigt.

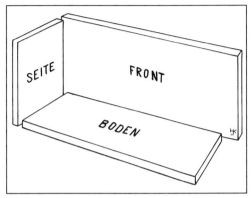

Bild 4-2: Die Scheiben sollen so geschnitten sein, daß die Klebenähte möglichst nicht auf Scherung, sondern auf Zug beansprucht werden. In der Zeichnung sind die Scheiben und Klebefugen übertrieben dick dargestellt.

Die Abmessungen der Glasscheiben lassen sich nach Tabelle 4-C errechnen.

Tabelle 4-C: Berechnung der Scheibengrößen bei ½ d dicken Klebenähten (alle Maße in cm).

L,B,H = Außenmaße des Aquariums
l,b,h = Maße der Glasscheiben
d = Dicke der senkrechten Scheiben laut Tabelle 4-A

Bodenscheibe: l = L – 3 x d
b = B – 3 x d

Front- und Rückscheibe: l = L
h = H

Seitenscheiben: b = B – 3 x d
h = H

Hinweis: Die Dicke der Bodenscheibe beeinflußt die Berechnungen nicht.

Beispiel: Ein Aquarium soll die Außenmaße 100 x 50 x 50 (L x B x H) erhalten. Nach der Tabelle 4-A muß eine Glasdicke von 10 mm gewählt werden. Bei der Berechnung sind alle Maße in cm einzusetzen, hier also die Glasdicke mit 1,0 cm. Somit ergibt sich:

Bodenscheibe:
l = L – 3 x d = 100 – 3 x 1 = 97 cm
b = B – 3 x d = 50 – 3 x 1 = 47 cm

Front- und Rückscheibe:
l = L = 100 cm
h = H = 50 cm

Seitenscheiben:
b = B – 3 x d = 50 – 3 x 1 = 47 cm
h = H = 50 cm

Am oberen Rand der beiden Seitenscheiben wird je eine Querstrebe von 2-4 cm Breite eingeklebt; sie dienen zum Entlasten der hier auf Scherung beanspruchten Klebung und als Auflage für die Deckscheibe. Die Länge der Streben gleicht der Breite der Seitenscheiben, ihre Glasdicke entspricht den übrigen Scheiben.

Bei Aquarien über 80 cm Länge müssen zusätzlich je weiterer halber Meter weitere Querstreben von wenigstens 10 cm Breite zwischen

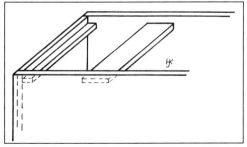

Bild 4-3: Die Aquarienseiten brauchen Querstreben zur Entlastung der seitlichen Klebenähte. Größere Aquarien erhalten weitere Querstreben in der Mitte. Die Klebefugen sind hier nicht eingezeichnet.

Front- und Rückscheibe eingeklebt werden (Tabelle 4-C). Am oberen Beckenrand lastet eine erstaunlich hohe Zugkraft, die oft unterschätzt wird, und so manches Aquarium klappte unversehens auseinander.

Tabelle 4-C: Anzahl der weiteren Querstreben (mindestens 10 cm breit)	
Länge des Aquariums	zusätzliche Querstreben
bis 80 cm	0
85-130 cm	1
135-180 cm	2
185-230 cm	3
235-280 cm	4

Manche Aquarienhersteller verwenden bei Aquarien bis etwa 1,30 m Länge keine Querstreben, sondern kleben schmale Glasstreifen längs der Front- und Rückscheibe. Dadurch wird zwar auch verhindert, daß sich die Scheiben unter der Wasserlast ausbauchen, aber die Seitennähte werden kaum entlastet. Außerdem wird das Reinigen der Frontscheibe erschwert.

Glasschneiden

In der Hand eines Berufsglasers sind Diamantschneider zweifellos das ideale Schneidwerkzeug, aber ihre Handhabung muß besonders erlernt werden. Der gelegentliche Hobbyglaser benutzt am besten einen Stahlradschneider und wechselt nach etwa 20 Schnitten das Rädchen. Erfolgreiches Glasschneiden ist Übungssache. Das gilt besonders für dickes Glas. Am besten schaut man einmal einem Berufsglaser bei seiner Arbeit zu.

Der Glasschneider wird in einem Zug gezogen ohne abzusetzen und damit die Glasoberfläche durchgehend geritzt. Dann hebt man die Scheibe etwas an und legt genau unter den Anfang des Glasritzes ein Rundholz, z.B. den Stiel des Glasschneiders. Die Scheibe liegt also an dieser Stelle hoch. Mit beiden Händen drückt man beiderseits die Scheibe mit einem kurzen Ruck nach unten, so daß sie über dem Rundholz bricht. Bei guter Arbeit läuft der Bruch genau die vorgeritzte Spur entlang weiter, und die Scheibe ist sauber getrennt. Der Schnitt gelingt oft besser, wenn die Ritzspur vor dem Brechen mit etwas Wasser benetzt wird.

Nach dem Schneiden werden die Kanten der Scheiben mit Schmirgelpapier mittlerer Körnung leicht gebrochen, um spätere Verletzungen am fertigen Aquarium auszuschließen.

Reinigen

Die Klebestellen müssen peinlichst sauber gereinigt und getrocknet werden, um ein sicheres Haften des Klebers zu gewährleisten. Bei starker Verschmutzung kann mit Reinigungs- oder Lösungsmitteln vorgereinigt werden, wie z.B. Aceton oder Spiritus. Beim Verdunsten hinterlassen fast alle Lösungsmittel Rückstände, die ein zuverlässiges Kleben verhindern; man sieht die Rückstände deutlich, wenn man einen Probetropfen auf einen sauberen Spiegel gibt und verdunsten läßt.

Die Endreinigung erfolgt mit Wasser, dem ein Geschirrspülmittel zugesetzt wurde. Zum Abschluß werden die Scheiben mit destilliertem Wasser abgespült und an der Luft getrocknet. Wichtig: Beim Abspülen keinesfalls mit Watte oder ähnlichem nachwischen; es besteht die Gefahr, daß Imprägnierungen auf dem Glas zurückbleiben und die Klebung beeinträchtigen.

Fixieren

Der Kleber braucht etliche Stunden zum Abbinden. Deshalb müssen die Scheiben vor dem Kleben in die gewünschte Stellung gebracht und fixiert werden.

Man baut das Aquarium einer Holzplatte auf (Bild 4-4). Im Bereich der Bodenfuge wird die Holzplatte mit einem Kerzenstummel eingerieben, um ein unerwünschtes Festkleben zu verhindern. Zuerst wird die Bodenscheibe darauf-

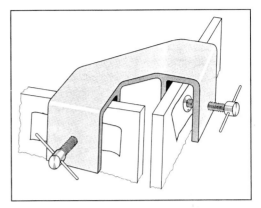

Bild 4-5: Gehrungszwingen halten die Scheiben rechtwinklig zueinander. Das Glas wird durch zwischengelegte Kartonstreifen vor Beschädigungen geschützt.

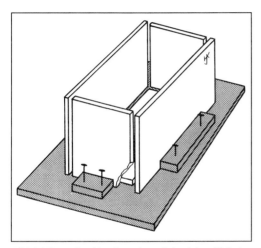

Bild 4-4: Das zukünftige Aquarium wird auf einer Holzplatte aufgebaut und fixiert. Klebespalten und Glasdicke sind übertrieben dargestellt.

gelegt und dann die Seitenscheiben senkrecht aufgestellt. In die verbleibenden Fugen wird später der Kleber hineingespritzt. Ringsum aufgenagelte Holzleisten verhindern ein Auseinandergleiten der Scheiben, die am oberen Rand durch Gehrungszwingen rechtwinklig zueinander gehalten werden. Eingelegte dünne Kartonstreifen sorgen dafür, daß das Glas durch die Zwingen nicht beschädigt wird (Bild 4-5). Abschließend werden alle senkrechten Fugen auf einer Seite mit einem Klebeband verschlossen.

Bei allen Vorbereitungen unbedingt darauf achten, daß die zu klebenden Stellen trocken bleiben und nicht durch Fingerabdrücke verunreinigt werden; dies gilt besonders für die Schnittflächen des Glases, weil hier der Siliconkleber ohnehin schlechter haftet.

Kleben

Als Kleber wird ein essigsauer-vernetzender Siliconkautschuk verwendet. Er härtet unter dem Einfluß der Luftfeuchtigkeit pro Tag etwa 5-10 mm tief aus. Während dieser Zeit gibt er einen aufdringlichen Essiggeruch ab. Nach Aushärtung erreichen derzeit übliche Siliconkleber einen Dehnspannungswert 100 % von 0,3-0,5 N/mm^2 (DIN 52455/1, Probekörper aus Glas).

Siliconkleber aus dem Sanitärbereich dürfen nicht benutzt werden, sie enthalten oft Giftzusätze, um einen Befall mit Schimmelpilzen zu verhindern. Der Siliconkleber muß vom Hersteller als aquariengeeignet deklariert sein. Das bedeutet vor allem:

– Keine Abgabe von Fisch- oder Pflanzengiften.
– Licht- und UV-Beständigkeit.
– Gegebenenfalls Meerwasser-Beständigkeit.
– Bei Dehnung bis zum Bruch darf sich der Kleber nicht vom Glas lösen (Adhäsionsbruch), sondern muß in sich selbst reißen (Kohäsionsbruch).

Hersteller von aquariengeeigneten Siliconklebern sind unter anderen die Firmen Bayer, Compakta, Dow Corning, Goldmann und Henkel. Die Kleber sind in Kartuschen z.B. im Zoohandel erhältlich. Die Spritzdüse der Kartusche wird mit einem scharfen Messer schräg abgeschnitten, so daß eine Öffnung von etwas mehr als Fugenbreite entsteht. Dann wird die Kartusche in die Handpistole eingelegt und die Schutzfolie am düsenseitigen Ende mit einem Schraubenzieher mehrfach durchstoßen.

Jetzt entscheiden Übung und handwerkliches Geschick über den Erfolg: Man setzt die Handpistole in einer Bodenecke des Aquariums auf, fährt unter gleichmäßigem Auspressen des Klebers zwischen Boden- und Seitenscheiben entlang der Fugen und füllt sie luftblasenfrei(!) auf. Danach füllt man alle senkrechten Fugen nacheinander.

Mit einem trockenen Spachtel, der entsprechend der Hohlkehle in den Winkeln gerundet ist, wird sofort der überschüssige Kleber abgestreift. Dann taucht man den Spachtel (oder einen Finger) kurz in Seifenwasser und glättet die Oberfläche der Klebenaht. – Das muß alles recht zügig geschehen, weil der Kleber rasch eine Haut bildet und sich danach nicht mehr sauber glätten läßt. Wichtig: Die vom Seifenwasser benetzten Stellen des Klebers und der Scheibe sind nicht mehr klebefähig. Der angefeuchtete Kleber darf also nicht nachträglich noch in irgendwelche Fugen verstrichen werden. Die noch nicht gefüllten Fugen müssen absolut trocken bleiben!

Nach etwa ein bis zwei Tagen können die Gehrungszwingen entfernt werden. Nun geht es an das Einkleben der Querstreben. Als Stütze für die Querstreben kann man passend geschnittene Pappkartons in das Aquarium stellen (Bild 4-6). Die Klebefugen werden von unten mit Klebeband verschlossen, dann von oben mit Siliconkleber gefüllt und schließlich geglättet.

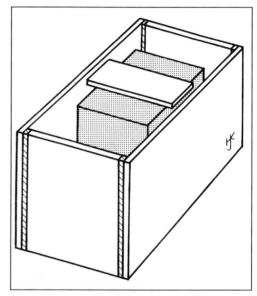

Bild 4-6: Passend geschnittene Kartons halten die Querstreben in ihrer künftigen Lage.

Nach weiteren ein bis zwei Tagen können alle Hilfsmittel entfernt werden. Das Aquarium muß noch einige Tage stehen, bis der scharfe Geruch völlig verflogen ist. Nach mehrmaligem Ausspülen und einer Probefüllung bis zum Rand kann es dann in Betrieb genommen werden.

5. Der Boden im Aquarium

Der Bodengrund beeinflußt wesentlich die biochemischen Abläufe im Aquarium. Seine Hohlräume sind Siedlungsstätten für Mikroben verschiedenster Art, die beispielsweise organische Abfallstoffe, wie Fischkot und Futterreste, in ihre mineralischen Grundbausteine zerlegen (mineralisieren). Die biochemischen Prozesse im Aquarienboden ähneln denen im Aquarienfilter. Sie laufen jedoch langsamer ab, weil der Wasserdurchsatz im Boden geringer ist; außerdem können sie je nach Sauerstoffgehalt des Bodens einen anderen Verlauf nehmen und andere Endprodukte liefern.

Das wohl wichtigste und in fast allen Aquarien verwendete Bodenmaterial ist Kies. Seine Körnung sollte etwa 2-3 mm betragen, für pflanzenlose Fischaquarien kann auch gröberer Kies verwendet werden. Bewährt haben sich Gruben- und vor allem Flußkies, der besser verrundete Kanten hat. Trockener Kies hat, wie auch Sand, ein Schüttgewicht von ungefähr 1,6 kg/l.

Sehr dekorativ wirkt ein dunkler Bodengrund, zum Beispiel aus Basaltsplitt, vor dem sich farbige Fische und saftig grüne Pflanzen besonders kontrastreich abheben; leider währt dieser dekorative Effekt nicht lange, weil Aufwuchsalgen den dunklen Boden bald mit der üblichen „Aquarien-Einheitsfarbe" überziehen.

Beim Einrichten eines Aquariums wird der Bedarf an Bodenmaterial oft unterschätzt. Die erforderliche Menge in Liter oder Kilogramm läßt sich nach der Bodenformel errechnen.

In der Tabelle 5-A sind das benötigte Bodenvolumen und das -gewicht errechnet für handelsübliche Aquarienmaße. Die Bodenhöhen berücksichtigen die Mindestanforderungen von Aquarienpflanzen. Für pflanzenlose Fischaquarien genügen geringere Höhen.

Tabelle 5-A: Bodenvolumen und Bodengewicht für Aquarien mit handelsüblichen Maßen			
Bodenmaße		Erforderliche Materialmenge	
Fläche in cm	Höhe in cm	in l	in kg
50 x 30	8	12	19
80 x 35	8	22	36
80 x 40	10	32	51
100 x 40	10	40	64
130 x 45	10	59	94
160 x 50	12	96	154
180 x 50	12	108	173
200 x 60	12	144	230

Bodenformel

Bodenvolumen (l) =
$$\frac{\text{Breite (cm) x Länge (cm) x Höhe (cm)}}{1000}$$

Bodengewicht (kg) = 1,6 x Bodenvolumen (l)

Neuer Kies enthält viel Abrieb und Schutt, der das Aquarienwasser für längere Zeit trüben würde. Deshalb soll neuer Kies vor dem Einbringen in das Aquarium sorgfältig gewaschen werden. Das gelingt am besten unter fließendem Wasser in einem kräftigen Sieb. Geeignet ist auch ein Eimer, in den ein Wasserschlauch hineingesteckt wird bis auf den Boden; das Waschwasser läuft von unten durch den Kies nach oben und dann über den Rand ab. Der Kies wird beim Waschen kräftig mit der Hand durchgewühlt und umgerührt. Diese Arbeit sollte möglichst im Freien geschehen, weil der Abfluß im Haus leicht verstopfen kann. Viele kleine Kiesportionen lassen sich schneller und leichter waschen als wenige große!

Je nach aquaristischer Zielsetzung müssen beim Bodengrund noch folgende Einzelheiten berücksichtigt werden:

Boden für pflanzenlose Fischaquarien

Aquarien, die ausschließlich zur Fischhälterung oder -zucht dienen, brauchen prinzipiell keinen Bodengrund. So sind sie leichter zu reinigen, und der Keimgehalt des Wasser ist meist geringer. Außerdem können viele Krankheiten leichter behandelt werden, weil manche Erreger, wie z.B. bei der Pünktchenkrankheit (Ichthyophthirius), sich im Laufe ihres Entwicklungszyklus häufig im Boden aufhalten und dort nur schwer abgefiltert werden können. Außerdem lassen sich viele Medikamente wesentlich sicherer dosieren, weil die Wirkstoffe nicht vom Bodenmaterial unkontrolliert adsorbiert und später wieder freigesetzt werden können.

Andererseits wirkt ein Bodengrund in Fischaquarien nicht nur dekorativ, sondern verhindert auch das ständige Aufwirbeln von Mulm. Geeignet ist zum Beispiel eine wenige Zentimeter hohe Schicht aus gewaschenem Flußkies mit einer Körnung von 2-5 mm.

Scharfkantiges Material, also z.B. Grubenkies, Basaltsplitt und insbesondere Lavakies, ist bei der Haltung von Bodenfischen nicht geeignet; es besteht Verletzungsgefahr! Das gilt vor allem für Welse, die unentwegt den Bodengrund nach Freßbarem „durchlutschen".

Einige Fische verlangen besonders weiches Wasser. Dann muß der Bodengrund kalkfrei sein.

Kalk würde sich unter Einwirkung der allgegenwärtigen Kohlensäure lösen und dann als Calciumhydrogencarbonat die Karbonathärte des Wassers allmählich erhöhen.

$$CaO + H_2CO_3 \rightarrow CaHCO_3 + H_2O$$
$$\text{Kalk} + \text{Kohlen-} \rightarrow \text{Karbonat-} + \text{Wasser}$$
$$\text{säure} \qquad \text{härte}$$

Quarzkies ist kalkfrei. Basalt, Gneis, Granit usw. können Spuren von Kalk enthalten. Im Zweifelsfall den Kalktest nach Tabelle 5-B durchführen.

Tabelle 5-B: Kalktest

1. Ein Teelöffel voll Bodenmaterial in ein kleines Glasgefäß geben.
2. Einige Milliliter einer mindestens 6%igen Säure dazugeben, z.B. Salzsäure oder Essigessenz. Normaler 3%iger Haushaltsessig genügt nicht.
3. Vorsichtig umschwenken.
4. Reaktion beobachten: Die Entwicklung von Schaum oder Gasblasen weist auf Kalk hin.
5. Säure reichlich mit Leitungswasser verdünnen und fortgießen. Der Boden ist nach Abspülen ggf. verwendbar.

In Fischaquarien kann man den Bodengrund auf einem gelochten Zwischenboden hochlegen und die gesamte Bodenfläche als Filter mitbenutzen. Solche Bodenfilter waren in den 60er Jahren weit verbreitet. Inzwischen wurde erkannt, daß durch Bodenfilter sehr viel Sauerstoff in den Boden gelangt und dadurch der Pflanzenwuchs stockt. Wenn aber nur Fische gehalten werden, so kann ein Bodenfilter durchaus wertvolle Dienste leisten. Näheres siehe im Filterkapitel auf Seite 101.

Bodengrund für bepflanzte Aquarien

Ohne ausreichenden Bodengrund kann kein befriedigender Pflanzenwuchs erzielt werden. Alle Versuche, Pflanzen in kleinen Blumentöpfen in Aquarien ohne Bodengrund zu stellen, enden stets mit Enttäuschungen.

Erfahrene Pflanzenzüchter sehen 8 cm als Mindesthöhe für den Boden an und sind überzeugt, daß 15 cm oder sogar mehr keinesfalls schaden, sondern eher förderlich sind, weil sich sauerstofffreie Zonen bilden können. Tatsächlich bildet der Bodengrund durch sein sauerstoffarmes und bakterienreiches Milieu eine lebenswichtige Ergänzung im biochemischen Gesamtsystem Aquarium.

Als Bodenmaterial eignet sich Kies mit einer Körnung von 1-2 mm, allerhöchstens 3 mm. Grober Kies über 3 mm ist nicht geeignet; er läßt zu viel Sauerstoff in den Boden eindringen, wodurch wichtige Nährstoffe oxidiert werden und folglich der Pflanzenwuchs ins Stocken geraten kann.

Der enge Zusammenhang zwischen Sauerstoffgehalt und Pflanzenwuchs ist noch recht wenig bekannt. Er ist sehr ausführlich beschrieben in KRAUSE (1988-1989): Wasserpflanzen – Wuchsklima und Sauerstoff („das Aquarium" 9/88 bis 3/89, Philler Verlag, oder direkt beim Verfasser erhältlich).

Bodenuntersuchungen an tropischen Gewässern haben gezeigt, daß Pflanzenbiotope regelmäßig einen nahrhaften Bodengrund besitzen. Bild 5-1 auf Seite 34 zeigt zwei Bodenprofile eines üppig mit Cryptocorynen bewachsenen Tropenbaches. Wie deutlich zu sehen ist, besteht die oberste Schicht aus angespültem Schwemmkies, der nicht zur Pflanzenernährung beitragen kann. Aber in etwa 8 cm Tiefe finden die Wurzeln sehr nahrhaftes mineralisch-organisches Material.

Hier ist die Nährstoffquelle für die Pflanzen. Denn das freie Wasser, welches die Blätter umspült, ist praktisch nährstofffrei! Das beweisen die Wasser- und Bodenanalysen in Tabelle 5-C.

Tabelle 5-C: Wasser- und Bodenanalysen eines üppig bewachsenen Pflanzenbaches in Süd-Thailand (KRAUSE 1974, 1979)		Wasser	Boden
Gesamthärte	°dGH	0,2	22,0
Karbonathärte	°dKH	0,4	‹0,1
Ammonium	mg/l	0,02	2,6
Nitrit	mg/l	‹0,1	‹0,1
Nitrat	mg/l	0,5	‹0,5
Eisen	mg/l	0,1	535,0
Mangan	mg/l	0,25	9,2
Phosphat	mg/l	‹0,1	228,0
Chlorid	mg/l	1,8	9,7
pH-Wert	–	5,5	4,8

Auch im Aquarium ist der Pflanzenwuchs in reinem Kiesboden unbefriedigend. Man kann dem Boden etwa 5 % Lehm zugeben, der in etwa cm-großen Bröckchen beigemischt wird. Der Lehm darf nicht fein verrieben werden, weil er sonst den Boden wasserdicht zustopft. Lehm ist ein Gemisch aus Sand und Ton. Ton ist kein Nährstoff, kann aber Nährstoffe in austauschbarer Form anlagern und aufkonzentrieren. Auf dieser Fähigkeit beruht sein landwirtschaftlicher Nutzen. Der in der Hydrokultur verwendete Blähton ist gebrannter Ton; er hat diese Fähigkeit nicht und ist deshalb als Bodenzusatz gänzlich ungeeignet.

Weitaus wirksamer als Lehmbeimischungen sind organische Stoffe, wie sie ähnlich auch die Erwerbsgärtnerei verwendet. Bild 5-2 auf Seite 34 beweist, daß ein nahrhafter Bodengrund den Wuchs der Aquarienpflanzen erheblich fördert. Aquarienfreunde der Pionierzeit benutzten mit

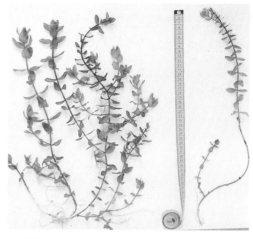

Bild 5-2: Beide Sprosse der Bacopa amplexicaulis waren bei Versuchsbeginn gleich lang; sie wuchsen in demselben Aquarium auf. Die eine Hälfte des Bodengrundes war jedoch mit nahrhafter Blumenerde angereichert. Somit waren beide Sprosse zwar vom selben Wasser umgeben, aber der linke Sproß wurzelte in nahrhaftem Boden und der rechte in magerem Kies.

Bild 5-1: Bohrkerne zeigen das Bodenprofil eines Tropenbaches in Thailand inmitten dichter Felder mit Cryptocoryne cordata: Die Oberschicht besteht aus nährstofffreiem Kies, darunter lagert sehr nahrhafte Erde.

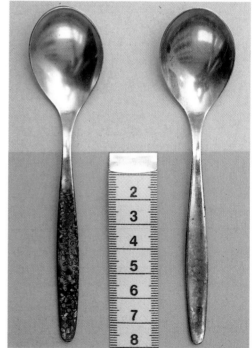

Bild 5-4: Silberne Löffel als Redoxindikator. Beläßt man die Stiele etwa 3-5 Tage im Boden, so erhält man eine gute Übersicht über den Oxidations-Reduktions-Zustand im Bodengrund. Sowohl Oxidations- wie auch Reduktionsprozesse übernehmen im Aquarium biologisch überaus wertvolle Aufgaben.

34

Bild 5-3: Die Wurzeln der soeben ausgegrabenen Cryptocoryne cordata sind mit einem leicht abwischbaren Belag aus Eisenoxiden überzogen. Das beweist, daß die Pflanze Sauerstoff in den Boden hineintransportiert und dort das gelöste Eisen wasserunlöslich ausgefällt hat.

gutem Erfolg „Maulwurfserde", also die von Maulwürfen ausgestoßene Wiesenerde, oder Buchenlauberde. Heute bieten insbesondere Aquarienpflanzen-Gärtnereien spezielles Bodenmaterial für Aquarien an, das der Natur entnommene hochwirksame mineralische und organische Zusätze enthält (Zoohandel).

Damit das Aquarienwasser durch die Bodenzusätze nicht getrübt wird, erhält die nährstoffhaltige Bodenmischung (etwa ²/₃ Höhe) eine Abdeckung aus sauber gewaschenem Kies (etwa ¹/₃ Höhe). Die Gesamthöhe soll mindestens 8 cm betragen. Der Kies soll nicht gröber sein als etwa 2 mm, denn der Bodengrund muß unbedingt anaerobe Zonen besitzen, in denen schwache Reduktionsprozesse ablaufen können!

Befürchtungen, daß mangels Sauerstoff im Boden die Pflanzenwurzeln faulen könnten, sind völlig unbegründet. Gesunde Pflanzen versorgen ihre Wurzeln mehr als ausreichend mit Sauerstoff. Wurzeln faulen nur dann, wenn die Pflanzen unter schweren Pflegefehlern leiden

und kümmern, z.B. durch Mangel an Kohlendioxid oder Licht. Pflanzen liefern sogar Sauerstoff in den Boden hinein! Bild 5-3 zeigt eine gesunde Cryptocoryne cordata aus einem tropischen Pflanzenbach. Ihre Wurzeln sind mit einem braunen, leicht abwischbaren Belag überzogen. Keine Fäulnis, sondern ausgefällte Eisenoxide! Ein Beweis für den ständigen Sauerstofftransport über die Wurzeln in den Boden hinein. Zugleich ein interessanter Hinweis darauf, daß Pflanzen ihr eigenes Wuchsklima zerstören können, indem sie wichtige Nährstoffe festlegen.

Ähnliche Redoxprozesse lassen sich auch im Aquarium leicht nachweisen. Dazu steckt man an verschiedenen Stellen silberne Löffelstiele in den Boden hinein und zieht sie nach 3-5 Tagen wieder heraus. Im Bereich gutwüchsiger Pflanzen bleibt das Silber weitgehend blank, weil die Pflanzen Sauerstoff in den Boden hineintransportieren. An anderen Stellen kann sich dunkles Silbersulfid bilden; ein Hinweis auf schwache Reduktionszonen, die im Aquarium keineswegs

35

schädlich sind, sondern ebenfalls biologisch sehr wichtige Funktionen ausüben (Bild 5-4 auf Seite 34).

Bodendurchsickerung

Im Jahre 1968 gelang mir eine aquaristisch fundamentale Entdeckung: Natürliche Biotope mit Unterwasserpflanzen sind regelmäßig Quellgebiete! Diese Quellen müssen keineswegs sichtbar sprudeln, sondern es genügt, wenn (Grund-) Wasser allmählich und unauffällig aus dem Gewässerboden heraussickert. Beim Nachweis solcher Sickerquellen kann ein Thermometer helfen: Der Boden ist an solchen Sickerquellen in europäischen Gewässern im Sommer deutlich kälter als das freie Wasser.

Quellgebiete sind in der Regel Pflanzenparadiese. Der Grund liegt vor allem darin, daß das zufließende Quellwasser aus sauerstoffarmen Erdschichten stammt und deshalb wesentlich nährstoffreicher ist als das Oberflächenwasser[1].

Darüber hinaus ergaben meine Untersuchungen, daß Überwasserpflanzen (Emerse) im Gegensatz zu Unterwasserpflanzen (Submersen) auch außerhalb von Sickerquellen verbreitet sind. Hieraus gewann ich eine weitere wichtige Erkenntnis: Unterwasserpflanzen sind zur optimalen Versorgung mit Nährstoffen auf eine Bodenströmung angewiesen!

Bild 5-5 zeigt links eine Landpflanze, wie sie Wasser verdunstet und mit den Wurzeln neues Wasser aus der Erde saugt. Es entsteht eine kräftige Bodenströmung bis zu ca. 10 cm pro Tag, die ständig neue Nährstoffe herantransportiert.

Rechts zeigt Bild 5-5 die Situation bei einer Unterwasserpflanze. Diese kann kein Wasser verdunsten. Es entsteht keine Bodenströmung. Folglich verarmt der Wurzelbereich an Nährstoffen!

---

[1] Sehr ausführlich in KRAUSE (1988): Wasserpflanzen – Wuchsklima und Sauerstoff. Das Aquarium 9/88 bis 3/89, Philler Verlag; oder direkt vom Verfasser erhältlich.

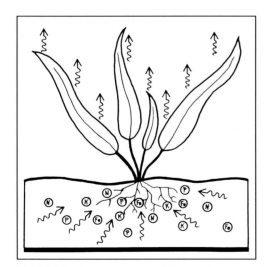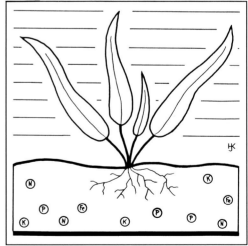

Bild 5-5 links: Landpflanzen transpirieren und erzeugen eine Bodenströmung, die neue Nährstoffe herantransportiert. Rechts: Unterwasserpflanzen können keine Strömung erzeugen, hier mangelt es im Wurzelbereich an Nährstoffen.

So macht Bild 5-5 verständlich, warum auch im Aquarium die Pflanzen deutlich besser wachsen, wenn der Bodengrund schwach durchsickert wird. Die Wasserströmung darf aber keinesfalls so stark sein, daß zu viel Sauerstoff in den Boden gelangt und dadurch Nährstoffe festgelegt werden. Wasserpflanzen verlangen ein sauerstoffarmes Milieu im Wurzelbereich!

Im Aquarium läßt sich eine behutsame Bodendurchsickerung leicht realisieren zum Beispiel mit Hilfe einer Bodenheizung oder einem Siebboden.

Bodenheizung

Wärme erzeugt Auftrieb. Deshalb kann mit einer Bodenheizung eine behutsame Bodendurchsickerung erzielt werden. Die Heizerleistung darf nur schwach sein, also z.B. bei einem 100-Liter-Aquarium nur etwa 10-12 Watt. Dieser Wert gilt für ungeregelten Dauerbetrieb; bei nur zeitweise eingeschalteter Bodenheizung, also bei Thermostatsteuerung oder Kopplung mit der Lichtschaltuhr, darf die Leistung entsprechend höher sein. Jedes Zuviel an Heizleistung bringt eher Schaden als Nutzen. Die Leistung zu starker Heizer läßt sich, wie auf Seite 85 beschrieben, reduzieren.

Für die Wuchsanregung haben sich Kabelheizer besser bewährt als Heizmatten. Möglicherweise deshalb, weil Heizmatten eine Wasserbewegung im gesamten Bodenraum hervorrufen, während beim Heizkabel zwischen den ausgelegten Windungen noch genügend sauerstoffarme Stillwasserzonen verbleiben. Ein geeignetes Kleinspannungs-Heizkabel zeigt Bild 12-3 auf Seite 98.

Siebboden

Etwa ein bis zwei Zentimeter über dem leeren Aquarienboden wird ein Siebboden eingelegt und erst darauf der eigentliche Bodengrund ausgebreitet. Die Wasserkammer unter dem Boden erhält laufend etwas Wasser, das behutsam von unten nach oben durchsickert.

Bauelemente für einen Siebboden sind im Zoohandel erhältlich (Bild 5-6 auf Seite 38). Für den Selbstbau eignen sich z.B. Plastik-Aktenkörbe, deren Rand bis auf 1-2 cm Höhe abgeschnitten wird; dann werden sie umgestülpt nebeneinander in das Aquarium gelegt und ein Kunstfasertuch (z.B. Gardinentüll) darübergespannt. Beim Einbau sollte das Aquarium bereits etwa zur Hälfte mit Wasser gefüllt sein, sonst bleiben unter dem Tuch Luftblasen zurück, die den Siebboden hochtreiben und den Aufbau zerstören.

Die durch den Boden geführte Wassermenge muß hinreichend klein sein, sonst gelangt zu viel Sauerstoff in den Boden hinein, und der Pflanzenwuchs stockt. Bild 5-7 zeigt, daß ein Boden nach einem vollständigen Wasseraustausch etwa 3 Tage braucht, bis er seinen alten biochemischen Zustand wieder erreicht hat.

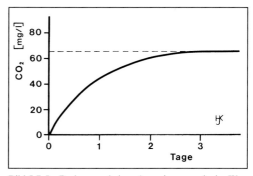

Bild 5-7: Im Bodengrund eines Aquariums wurde das Wasser vollständig ausgetauscht. Es vergehen etwa 3 Tage, bis sich der CO_2-Gehalt wieder stabilisiert hat, bis also wieder der alte biochemische Zustand erreicht ist.

Folglich darf der Boden nur so langsam durchsickert werden, daß das Wasser frühestens in 72 Stunden (= 3 Tage) ausgetauscht ist. Zum Beispiel hat ein 150-l-Aquarium etwa 30 Liter Bodengrund, dieser enthält bei einem üblichen Po-

Bild 3-6: In diesem Aquarienschrank befindet sich links der Aquarienfilter und eine große Druckgasflasche für die CO_2-Düngung. Unten ist reichlich Stauraum für Zubehör.

Bild 5-6: Ein aus käuflichen Elementen erstellter Siebboden. Die nahrhafte Aquarienerde wird mit einer Kiesschicht abgedeckt, um unnötige Wassertrübungen zu vermeiden.

renvolumen von 45 % etwa 14 Liter Wasser. Die Fließgeschwindigkeit darf somit nicht größer sein als $^{14}/_{72}$ = 0,19 Liter pro Stunde.

Es ist schwer, derart geringe Pumpleistungen zu erzeugen. Bewährt hat sich die CO_2-Pumpe nach KRAUSE auf Bild 5-8. Sie ähnelt den altbekannten luftgetriebenen Wasserpumpen (technischer Name: Mammutpumpen), wird jedoch nicht mit Druckluft, sondern mit Kohlendioxid angetrieben. Sie erzeugt einen behutsamen und vor allem fast sauerstofffreien Sickerstrom.

Den erforderlichen feinperlenden Ausströmer baut man am besten selbst: Ein in der Dicke pas-

sender Lindenzweig wird entrindet und ein etwa 1,5 cm langes Stück davon stramm in den PVC-Schlauch gesteckt. Oder man sägt ein Stück aus einem Keramikausströmer heraus und feilt es passend zurecht.

Die CO_2-Pumpe übernimmt gleichzeitig die bei gutwüchsigen Pflanzen notwendige Düngung mit Kohlendioxid. Ein besonderes Diffusionsgerät kann dann entfallen. Es ist gleichgültig, ob das CO_2 direkt dem Wasser zugeführt wird oder einen Umweg nimmt über den Boden. Außerdem nehmen Pflanzen das CO_2 nicht nur über ihre Blätter auf, sondern auch mit den Wurzeln. Näheres zur CO_2-Düngung siehe Kapitel 16.

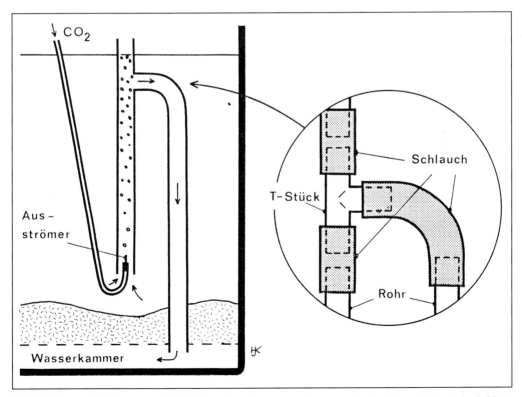

Bild 5-8: Mit einer CO_2-Pumpe nach KRAUSE wird der Bodengrund mit sauerstofffreiem Wasser behutsam durchsickert. Die Pumpe läßt sich nach der rechten Skizze leicht selbst anfertigen aus etwa 1 cm dickem PVC-Rohr, T-Stück und etwas Schlauch (Zoohandel).

Bodengrund – kurz und bündig

Boden für pflanzenlose Fischaquarien:

- Ein Boden ist nicht unbedingt erforderlich.
- Der Boden kann als Filter benutzt werden.
- Bei Bodenfischen (Welsen usw.) scharfkantiges Material vermeiden.
- Wird weiches Wasser verlangt, dann kalkfreies Material benutzen; im Zweifel Kalktest nach Tabelle 5-B durchführen.

Bodengrund für bepflanzte Aquarien:

- Als Grundmaterial eignet sich Kies mit etwa 1-2 mm Körnung.
- Scharfkantiges Material vermeiden, es beschädigt beim Einpflanzen die Wurzeln.
- Die Bodenschicht muß etwa 8 cm oder höher sein, damit sich darin sauerstofffreie Zonen bilden können.
- Faulende Pflanzenwurzeln sind ein Hinweis auf schwere Pflegefehler (Nährstoffe? Licht?); sauerstofffreie Zonen im Boden sind n i c h t die Ursache.
- Nährstoffhaltige (organische) Bodenzusätze fördern wesentlich den Pflanzenwuchs.
- Eine schwache Bodendurchsickerung regt den Wuchs der Aquarienpflanzen an. Das sauerstoffarme Milieu im Boden muß dabei erhalten bleiben! (Kein Bodenfilter!)

6. Inneneinrichtung

Die wohl schönste Aquariendekoration ist ein üppiger Pflanzenbestand. Wertvolle Pflegehinweise sowie Anregungen für die Auswahl und Anordnung der Pflanzen geben beispielsweise die Kataloge und Bücher bekannter Wasserpflanzen-Gärtnereien.[1]

Die Inneneinrichtung unterliegt weitgehend dem persönlichen Geschmack. Es gibt unzählige Einrichtungsmöglichkeiten, und die Vorschläge dazu könnten ein ganzes oder gar mehrere Bücher füllen. Dieses Buch möchte vor allem aquarientechnische Hinweise geben.

Bei der Aquarienrückwand hat sich ein schwarzer Hintergrund bewährt, und zwar unabhängig davon, ob die Rückseite mit einer Reihe von hohen, schmalblättrigen Pflanzen (Vallisnerien, Sagittarien usw.) dekoriert wird oder ob das Aquarium völlig pflanzenfrei bleibt. Ein sattschwarzer Hintergrund gibt sehr viel optische Tiefe und läßt Fische und Pflanzen überaus kontrastreich und attraktiv hervortreten. Sehr wirksam ist tiefschwarzer Samt (auch als Deko-Karton erhältlich), der von außen am Rand der Rückscheibe mit Klebeband befestigt wird. Notfalls tut es auch schwarzer Fotokarton (Fotogeschäft).

Ansprechend wirkt ein nach hinten ansteigender Boden. Er rutscht jedoch bald zusammen, insbesondere wenn Fische oder Turmdeckelschnecken den Bodengrund ständig umwühlen. Hier helfen stützende Steine, die zu Terrassen miteinander mittels Siliconkleber verbunden sind. Die Steine dürfen nicht auf der Bodenscheibe festgeklebt sein, weil sie dort unter Umständen infolge Hebelwirkung die Scheibe zerbrechen können.

[1] Z.B. Dennerle: System für ein problemloses Aquarium. (Zoohandel)

Werkstoffe

Als oberster Grundsatz gilt: Alle im Aquarium verwendeten Werkstoffe müssen wasserchemisch neutral sein und dürfen keine giftige Stoffe abgeben!

Die im folgenden als aquariengeeignet bezeichneten Materialien wurden zwar lange erprobt, trotzdem kann jedoch keine Garantie für die Richtigkeit aller Angaben gegeben werden.

Metalle

Grundsätzlich sind Metalle ungeeignet, weil sie fast alle zumindest in Spuren wasserlöslich sind. Das gilt sogar für Edelmetalle (Meerwasser enthält z.B. etwa 20 µg/l Gold). Die jeweiligen Auswirkungen auf Tier oder Pflanze sind nicht immer übersehbar.

Die in Lösung gehende Menge hängt ab vom Nernstschen Lösungsdruck des betreffenden Metalles, sie ist also unabhängig von der Größe des Metallstückes. Deshalb wirkt eine kleine Messingschraube im Aquarium ähnlich verheerend wie ein faustgroßes Messingstück.

Besonders gefährlich sind Kupfer und seine Verbindungen, also Messing und Bronze. Schon kleinste Gegenstände können Katastrophen auslösen.

Als Ausnahme und aquaristisch unbedenklich gilt das Eisen; allerdings ist es nicht korrosionsfest und wird bald unansehnlich. Als unbedenklich gelten auch Edelstähle, also beispielsweise V2A- oder V4A-Stahl.

Steine

Kalk löst sich unter Einwirkung der allgegenwärtigen Kohlensäure allmählich im Wasser und läßt die Härte ansteigen. Kalkhaltig sind z.B. Marmor, Dolomit und Tuffstein aus Quellregionen. Wenn auf weiches Wasser besonderer Wert gelegt wird, dürfen diese Gesteine nicht benutzt werden. Im Zweifelsfall zur Probe etwas Essigessenz oder Salzsäure auftropfen, Aufschäumen weist auf Kalk hin (siehe auch Tabelle 5-B Kalktest auf Seite 32).

Dagegen ist Tuffstein vulkanischen Ursprunges (Bimsstein) kalkfrei. Ebenso gelten als aquaristisch unbedenklich z.B. Basalt, Diorit, Gneis, Granit, Quarz und Schiefer.

Wacklige Steinaufbauten können beim Zusammenpoltern das Aquarium zerschlagen! Daher untereinander mit Siliconkleber sichern.

Holz

Wurzeln, Bambus, Tonking, Schilf usw. eignen sich nur bedingt; sie treiben gerne hoch (mit Perlongarn an Stein festbinden!) und faulen mit der Zeit. Widerstandsfähiger sind Eiche, Mahagoni und Mangrove, jedoch muß mit der unkontrollierten Abgabe von Gerb-, Farb- oder anderen Stoffen gerechnet werden, deren Auswirkungen nicht übersehbar sind. Am besten wird das Material zuvor ausdauernd gewässert, oder man benutzt nur Wurzeln, die am Fundort im Wasser gelegen haben.

Größere Wurzeldickichte lassen sich aus kleineren Elementen zusammensetzen und wirken sehr dekorativ. Klebeverbindungen halten nicht, weil das Holz von der Oberfläche her allmählich aufweicht und sich zersetzt. Am besten mit Kunststoffschrauben, z.B. aus Polyamid, verbinden!

Kunststoffe

Viele Kunststoffe sind über Jahrzehnte aquarienbewährt. Wohl zu den bekanntesten zählen Acrylglas (Plexiglas), Makrolon, Polyamid (hierzu gehören Nylon, Perlon), Polyethylen, Polystyrol, Polyurethan (PUR), Polyvinylchlorid (PVC).

Im Alltag begegnen uns außerordentlich viele Kunststoffe, aber nur Fachleute können sie verläßlich identifizieren. Als Laie sollte man allen Kunststoffen grundsätzlich mit Mißtrauen begegnen, denn auch die eben genannten können Zusätze enthalten von giftigen Farben, Stabilisatoren oder Weichmachern und dadurch aquaristisch unbrauchbar geworden sein. Kunststoffe mit dem Prädikat „physiologisch unbedenklich" oder „lebensmittelgeeignet" sind meist, aber nicht immer, auch aquariengeeignet.

Biologen empfehlen zur Prüfung den sogenannten Daphnientest. Dazu wird der Kunststoff in einem Glasbecken mehrere Tage gewässert, dann nötigenfalls der pH-Wert zwischen 5,8 und 7,5 eingestellt und schließlich Daphnien (Wasserflöhe) zugesetzt. Die Tiere müßten dann mindestens zwei Tage überleben, ehe sie mangels Futter eingehen. Der Test ist sehr verläßlich, problematisch dürfte jedoch im Bedarfsfall die Beschaffung von Daphnien sein.

Tabelle 6-A: Nachweis durch Geruch	
In 1 Million Teilen Luft sind noch wahrnehmbar:	
1,8	Teile Essigsäure
0,5	Teile Ozon
0,1	Teile Chlor
0,045	Teile Phenol
0,002	Teile Methylamin
0,0004	Teile Buttersäure

Bild 2-1: Ein FI-Schalter ist leicht nachrüstbar und bietet wirksamen Schutz vor ernsten elektrischen Unfällen.

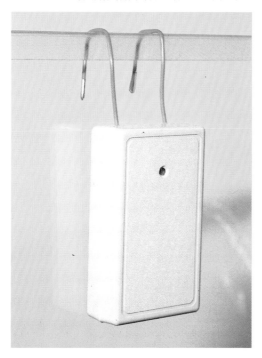

Bild 2-3: Ein elektronischer Wasserwächter meldet lautstark, sobald seine Elektroden feucht werden. Hier hängt er beim Wasserwechsel über dem Rand des Aquariums und meldet sich rechtzeitig, bevor das Aquarium beim Füllen überläuft.

Einen guten Hinweis kann eine Geruchsprobe geben. Die Nase ist sehr empfindlich, sie kann viele Stoffe noch in mehr als millionenfacher Verdünnung wahrnehmen. Einige Beispiele zeigt Tabelle 6-A (Seite 42).

Leider verraten sich nicht alle giftigen Stoffe durch Geruch. Doch sollte jedes Material, das mit dem Aquarienwasser ständig Kontakt hat, absolut geruchsfrei sein. Jeder Geruch beweist, daß irgendwelche Stoffe abgegeben werden. Die Geruchsabgabe steigt mit der Temperatur, und mancher kaum müffelnde Kunststoff beginnt nach Erwärmung kräftig zu stinken; deshalb das Material vorher im Backofen auf 60-70 °C erwärmen!

Bedenkliches Material

Bedenkliche Dekorationsteile für die Aquarienrückwand, beispielsweise Muscheln oder Schneckengehäuse, müssen nicht in das Aquarium getaucht werden, sondern können außen hinter der Rückscheibe befestigt sein. Auch leicht faulende Holzteile, wie Bambus oder Schilfrohr, lassen sich auf ein Brett kleben und hinter das Aquarium stellen. Übrigens kann hier die Dekoration nicht veralgen und unansehnlich werden.

Nötigenfalls kann bedenkliches Material mit Epoxidharz versiegelt werden. Epoxidharze sind wasserbeständig, sofern das Mischungsverhältnis Binder–Härter genau nach Vorschrift eingehalten wird. Bei abweichendem Mischungsverhältnis bindet das Epoxidharz nicht richtig ab und wird leicht von Bakterien angegriffen und zersetzt.

Nicht alle Kunstharze sind aquariengeeignet! Der Hersteller sollte zumindest die Eignung für Trinkwasserbehälter garantieren. Ein solches Epoxidharz, das auch im Süßwasser-Aquarium erprobt wurde, ist beispielsweise das Chemo-Resin EP-67/EH-11. Es wird von Fa. Krämer[1] ausnahmsweise auch in Kleinstmengen geliefert ab 1 kg Binder (EP-67) und 0,5 kg Härter (EH-11).

Binder und Härter sind in verschlossenen Dosen bei Raumtemperatur etwa 1 Jahr lagerfähig. Zum Gebrauch werden 100 Gewichtsteile EP-67 gemischt mit 50 Gewichtsteilen EH-11. Mischungsverhältnis genau einhalten! Bei 20-25 °C beträgt die Verarbeitungszeit etwa $1/2$ Stunde und die Härtungszeit etwa 24 Stunden. Sicherheitshalber sollten die versiegelten Teile noch 1 Woche lang vollständig aushärten und anschließend noch 3 Tage gewässert werden, ehe man sie im Aquarium versenkt. Der Harzüberzug ist farblos und hat an der Luft einen spiegelnden Glanz, unter Wasser aber ist er völlig unsichtbar.

[1] Krämer-Chemie, Theodor-Heuß-Straße, 6604 Saarbrücken-Güdingen.

44

7. Wassertechnik

Das Wasser für das Aquarium wird in fast allen Fällen aus dem öffentlichen Leitungsnetz gezapft. Leitungswasser muß hygienisch einwandfrei sein und ist deshalb als Trinkwasser unbedenklich verwendbar. Als Aquarienwasser aber ist es nicht immer und sofort geeignet.

Wasseraufbereitung

Grundsätzlich soll stets von unbehandeltem Kaltwasser ausgegangen werden, so wie es unmittelbar hinter dem Wasserzähler zur Verfügung steht. Das Wasser soll nicht durch irgendwelche hauseigenen Aufbereitungsanlagen gelaufen sein, wie zum Beispiel Enthärter. Auch Wasser aus Heißwasseranlagen ist aquaristisch bedenklich aus mehreren Gründen:

1. Die Heizschlangen bestehen meist aus Kupfer. Dieses wird von heißem Wasser besonders leicht herausgelöst. Kupfer aber wirkt schon in sehr geringen Spuren giftig auf Pflanzen und ab ungefähr 0,1 mg/l auch auf Fische.

2. Zunehmend mehr Heißwasseranlagen werden mit Phosphatdosierern ausgerüstet, um Korrosionsschäden im Rohrnetz vorzubeugen. Heißwasser kann also reichlich Phosphate enthalten; die Trinkwasserverordnung erlaubt bis zu 6,7 mg/l PO_4. Das ist aquaristisch höchst unerwünscht!

Wasser, das während der Nacht in der Leitung gestanden hat, läßt man ablaufen. Das Wasser könnte, insbesondere bei neuen Leitungen ohne schützende Kalkschicht, zu viele Metallspuren enthalten. Besondere Vorsicht bei Kupferleitungen!

Im Wasserwerk wird das Wasser bei etwa 8-10 °C intensiv belüftet und schließlich unter Druck in das Leitungsnetz gegeben. Sobald zu Hause das Wasser aus dem Hahn läuft, entfällt der Druck, und das Wasser hat – auch bedingt durch die höhere Temperatur – einen Luftüberschuß. Die zuvor unsichtbar gelöste Luft beginnt nun langsam auszuperlen. Der Vorgang ist ähnlich wie beim Öffnen einer Sprudelwasserflasche, aber er verläuft nicht so spontan. Man kann ihn gut beobachten, wenn man ein Glas aus dem Kaltwasserhahn füllt und einige Zeit stehen läßt: An der Wandung setzen sich feine Luftbläschen ab!

Der Luftüberschuß im Wasser kann im Aquarium Störungen auslösen. Dort bilden sich Luftbläschen, die alle Gegenstände überziehen. Dazu gehören auch die Fische und ihre feinen Kiemen. Dies führt meistens zu vorübergehenden Atmungsbeschwerden, in ernsten Fällen aber auch zu Todesfällen.

Der Luftüberschuß verliert sich von selbst, wenn das Wasser einige Zeit absteht; Umwälzen per Hand oder Pumpe beschleunigt den Prozeß. Wenn es schnell gehen soll, kann man das Wasser aus der Handbrause in die Badewanne sprühen lassen, und zwar in möglichst weitem Bogen. Die feinen Wassertröpfchen finden dabei ausreichend Gelegenheit, um ihren Luftüberschuß abzugeben.

Riecht es beim Sprühen nach Hallenbad, dann enthält das Wasser Chlor und darf für das Aquarium nicht verwendet werden. In der BRD wird das Trinkwasser nur gechlort, wenn z.B. Wasser aus Talsperren (Oberflächenwasser) verwendet wird oder Wasserbehälter nach einer Reparatur desinfiziert werden müssen. Aber nur selten gelangt eine Chlorwelle bis an den häuslichen Zapfhahn. Dann wartet man am besten ein oder

Bild 8-4: Ein typisches Gestaltungselement des Holländischen Aquariums: Kurze Stecklinge aus Eidechsenschwanz (Saururus cernuus) sind als „Leydener Straße" angeordnet, die sich schräg von vorn links nach rechts hinten zieht. So gewinnt das Aquarium optische Tiefe. Vallisnerien bilden das „Dach".

Bild 9-2. Ein Biotop im Schatten des Regenwaldes mit Cryptocorynen und Barclaya in Thailand. Hier wird sogar mittags ein Fotoblitz benötigt.

Bild 8-5: Ein offenes Aquarium sieht außerordentlich reizvoll aus.

Bild 9-1. See mit üppiger Vegetation in Sri Lanka (Ceylon). Trotz sonnigem Schönwetter ist der Himmel nicht klar, sondern überzogen mit einem dünnen Wolkenschleier, eine in den Tropen typische Erscheinung.

47

zwei Tage, bis wieder chlorfreies Wasser aus dem Hahn läuft. Wenn es eilt, kann das Wasser entchlort werden mit einem Aktivkohlefilter, siehe Seite 121.

Wenn die Wasserhärte zu hoch ist, kann sie durch Mischen mit Wasser aus Umkehrosmosegeräten oder Ionenaustauschern gesenkt werden. Einzelheiten über diese Verfahren, ihre Vor- und Nachteile, Arbeitsanweisungen und gegebenenfalls Regenerierungsvorschriften, wirtschaftlicher Einsatzbereich usw. enthält KRAUSEs „Handbuch Aquarienwasser" (Zoo- und Buchhandel).

Mitunter wird hartes Wasser mit elektrischen oder magnetischen Wasseraufbereitern behandelt. Solche Geräte ändern die Zusammensetzung des Wassers nicht, sie enthärten oder entsalzen nicht! Sie sollen erreichen, daß der Kalk beim Ausfallen eine günstigere Kristallform (Calcit anstelle Aragonit) bildet, die nicht so fest auf dem Untergrund haftet und sich leichter fortwischen läßt. Aquaristisch ist dieser Effekt jedoch völlig belanglos, weil jede Art von Kalkbildung absolut unerwünscht ist und vermieden werden muß.

Füllen des Aquariums

Für kleine Aquarien kann das Wasser eimerweise herantransportiert werden. Beim Eingießen auf möglichst schwachen Wasserstrahl achten und ihn ständig hin- und herwandern lassen, damit die Strömung nicht bis nach unten dringt und den Boden aufwühlt. Bei noch fast leerem Aquarium ist eine Gießkanne mit aufgesetzter Brausetülle vorteilhafter.

Größere Aquarien füllt man besser über einen Schlauch und benutzt eine Kreiselpumpe, um das Wasser aus der Badewanne zu fördern. Bei der Auswahl der Pumpe ist zu berücksichtigen, daß die Prospektdaten für Wasserdurchsatz und Pumphöhe stets Maximalwerte sind, die lediglich die Kennlinie der Pumpe beschreiben. Im praktischen Betrieb darf man nur etwa die Hälfte dieser Maximalwerte erwarten, siehe Seite 109.

Auf das Schlauchende im Aquarium steckt man, um die scharfe Strömung zu brechen, einen Brausekopf oder ein Stück Filterschaumstoff.

Das Füllen nimmt längere Zeit in Anspruch, und es passiert leicht, daß das Aquarium in einem unbeobachteten Moment überläuft. Hier ist ein elektronischer Wasserwächter sehr nützlich. Er wird über den Rand des Aquariums gehängt und meldet laut piepsend, sobald seine Elektroden feucht werden, also wenn das Aquarium gefüllt ist. So wird man rechtzeitig an das Abschalten der Pumpe erinnert (Bild 2-3 auf Seite 43).

Leeren des Aquariums

Beim Entleeren des Aquariums ist in jedem Fall ein Schlauch zweckmäßig. Entweder füllt man damit einen Eimer, wobei gleichzeitig die oberste Schicht Bodengrund abgesaugt und gesäubert werden kann, oder es wird ein langer Schlauch benutzt, der bis zur Toilette oder einem anderen Abfluß reicht. Nach kurzem Ansaugen und Tieflegen des Schlauchendes entleert sich das Aquarium dann von selbst. Achtung: Niemals Aquarienwasser mit dem Mund ansaugen! Siehe Seite 13 und 14!

Die Eintauchtiefe des Schlauches im Aquarium legt fest, bei welchem Wasserstand das Ablaufen selbsttätig abgebrochen werden soll. So läßt sich vermeiden, daß das Aquarium gänzlich leerläuft, und man kann gezielt einen Teilwasserwechsel von 10, 20 oder 30% einleiten. Ein auf den Schlauch aufgesteckter Filterkorb oder Schaumstoffblock verhindert, daß versehentlich kleine Fische abgesaugt werden.

8. Besondere Aquarien

Neben dem Standard-Aquarium, wie es in Zoo-geschäften und Haushalten üblicherweise zu sehen ist, haben einige technisch besondere Aquarien breiteres Interesse gefunden.

Durchflußaquarium

Fische und Pflanzen reagieren sehr positiv, wenn regelmäßig ein Teil des Wassers im Aquarium durch Frischwasser ersetzt wird. Ein Richtwert von 20-30 % des Beckenvolumens alle 1-2 Wochen hat sich bewährt.

Erfahrene Pflanzenfreunde wissen, daß ein Wuchsstillstand bei Aquarienpflanzen nur selten durch zusätzliche Düngung behoben werden kann. Erst nach mehrmaligem Teilwasserwechsel erholen sich die Pflanzen langsam wieder und beginnen zu wachsen. Die Ursache scheint also nicht etwa Nährstoffmangel zu sein, sondern eine schädliche und bisher nicht näher erforschte Hemmwirkung des betreffenden Wassers, die durch Filter kaum abbaubar ist.

Die optimale Lösung bietet ein Durchflußaquarium, bei dem fortwährend ein kleiner Teil des Aquarienwassers ausgetauscht wird. Es läuft also ständig ein schwacher Frischwasserstrom in das Aquarium hinein, und die gleiche Wassermenge fließt selbstregulierend wieder fort. So haben Fische und Pflanzen sogar ohne Aquarienfilter stets einwandfreies Wasser. Schon vor mehr als 20 Jahren schwörten Pflanzenliebhaber auf das Durchflußaquarium und hatten außergewöhnlich gute Kulturerfolge!

Der technische Aufwand eines Durchflußaquariums ist hoch, aber seine Vorteile sind unverkennbar: ein gleichbleibend gutes Wasserklima ohne schroffe Milieuwechsel. Günstige Voraus-setzungen herrschen, wenn das Leitungswasser unmittelbar ohne besondere Aufbereitung verwendet werden kann. Das Zapfventil für den Wasserzulauf muß fein einstellbar und gegen unbeabsichtigtes Verstellen geschützt sein. Geeignet sind z.B. $^1/_2$-Zoll-Eckventile mit verstellbarem Durchflußbegrenzer, wie sie als Vorventil unter dem Waschbecken montiert werden.

Der Durchfluß wird so eingestellt, daß der Beckeninhalt ungefähr alle 7-12 Tage erneuert wird. Das sind z.B. bei einem 500-Liter-Aquarium täglich 72 bzw. 43 Liter. Ein 10 Milliliter großes Probegefäß wäre nach Tabelle 8-A in ungefähr 12 bzw. 20 Sekunden gefüllt. Geeignete Probegefäße liegen oft den Meßreagenzien für Gesamt- oder Karbonathärte bei.

Tabelle 8-A: Messung des Wasserdurchlaufes Probegefäß 10 ml			
Füll-zeit-	entspricht Wasserdurchlauf von ... Liter Wasser in		
(sec)	1 Tag	7 Tagen	12 Tagen
10	86	600	1030
12	72	500	870
14	62	430	740
16	54	380	650
18	48	340	580
20	43	300	520
22	39	280	470
24	36	250	430
26	33	230	400
28	31	220	370
30	29	200	350
35	25	170	300
40	22	150	260
45	19	130	230
50	17	120	210
60	14	100	170

Frisches Leitungswasser hat nur etwa 8-15 °C. Wasser aus zentralen Warmwasseranlagen soll keinesfalls verwendet werden, es kann gefährliche Kupferspuren enthalten. Außerdem ist ein automatisches Mischtemperieren mit Kaltwasser auf die Dauer nicht zuverlässig genug. Verläßlicher ist folgender Weg:

Das kalte Leitungswasser wird mit einem langen Schlauch zum Aquarium geleitet, dabei kann es sich auf Raumlufttemperatur erwärmen. Nötigenfalls wird der Schlauch in Schlaufen verlängert oder über den Raumheizkörper geführt. Die Leitung ist drucklos, und daher kann auch ein dünner Aquarien-Luftschlauch benutzt werden, der sich unauffällig verlegen läßt. Die beste Lösung: Der dünne Schlauch steckt im dickeren Abwasserschlauch. So wird das kalte Frischwasser vom Abwasser auf Beckentemperatur erwärmt (Energierückgewinnung!). Außerdem kann sich im Sommer am kalten Frischwasserschlauch kein Schwitzwasser bilden.

Der Wasserabfluß aus dem Aquarium muß unbedingt verläßlich sein, denn jede Unterbrechung löst eine Überschwemmung im Zimmer aus! Einfache Überlaufkrümmer sind ungeeignet, weil sie beim Nachlassen der Strömung sofort Luftblasen ziehen und dadurch außer Betrieb gesetzt werden.

Am sichersten ist es, wenn das Auslaufrohr nach Bild 8-1 durch den Aquarienboden oder eine Seitenscheibe geführt wird. Geeignetes PVC-Rohr und dicht verschraubbare Wanddurchlässe sind im Baumarkt erhältlich. Das Loch im Aquarienglas kann nur ein Berufsglaser schneiden bzw. bohren.

An einem fertigen Aquarium lassen sich nachträglich kaum noch Löcher hineinbohren. Hier kann ein selbstregelnder Ablaufkrümmer nützlich sein, dessen Prinzip in Bild 8-2 dargestellt ist. Er hält den Wasserspiegel im Aquarium konstant in Höhe des T-Stückes. Nach Unterbrechungen läuft er störungsfrei weiter. Wichtig: Das vom T-Stück senkrecht nach oben führende Belüftungsrohr muß stets offen bleiben!

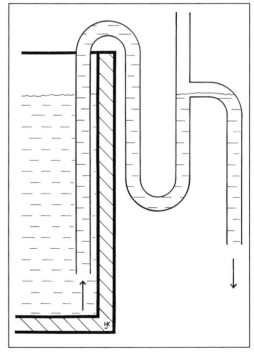

Bild 8-2: Dieser selbstregelnde Ablaufkrümmer hält den Wasserspiegel im Aquarium konstant. Er läßt sich aus PVC-Rohren, einem T-Stück und kurzen Schlauchstücken leicht selbst herstellen.

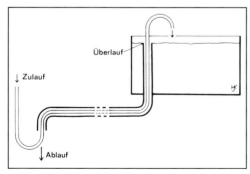

Bild 8-1: Prinzip eines Durchflußaquariums. Der Frischwasserschlauch wird im Abwasserschlauch geführt. Die Rohr- und Schlauchweiten sind übertrieben dargestellt.

50

Holländisches Aquarium

Holländische Aquarien fallen auf durch ihren ungewöhnlich dekorativen Pflanzenbestand. Aquarientechnisch weisen sie grundsätzlich keine Besonderheiten auf; allerdings werden möglichst lange Aquarien bevorzugt, wobei die Höhe nur selten mehr als 40-50 cm beträgt.

Holländische Aquarien unterliegen einem strengen Bewertungssystem des holländischen Aquarienverbandes. Die Richtlinien sind sehr umfangreich und umfassen 48 Seiten DIN A4! Außer dem Gesundheits- und Entwicklungszustand von Fischen und Pflanzen spielen vor allem ästhetische Gesichtspunkte eine wichtige Rolle.

Der Fischbestand ist eher gering und ordnet sich dem dekorativen Gesamtbild unter; so sind die ausgewachsenen Fische meist kleiner als $^1/_{10}$ der Aquariumlänge, und ihre Gesamtzahl ist, außer bei einem Fischschwarm, recht gering.

Pflanzengruppen werden gerne nach dem Goldenen Schnitt angeordnet. Die bildende Kunst wendet den Goldenen Schnitt schon seit Jahrhunderten an; er schreibt vor, daß die Teilung einer Strecke in zwei Teilstücke derart erfolgen soll, daß sich der kleinere Teil zum größeren genau so verhält wie der größere Teil zur ganzen Strecke. Das ist bei einer Aufteilung in ungefähr 38 % und 62 % erreicht und ergibt ein besonders harmonisches Aussehen (Bild 8-3).

Ein weiteres wesentliches Gestaltungselement ist die „Leydener Straße"; sie wurde erstmals bei einem Wettbewerb in der Stadt Leyden bekannt und erhielt so ihren Namen. Die Leydener Straße ist dadurch gekennzeichnet, daß eine niedrige Pflanzengruppe, z.B. aus Stecklingen des Eidechsenschwanz (Saururus cernuus), als Streifen von vorne schräg nach hinten ansteigend verläuft. Dadurch entsteht beim Betrachten ein er-

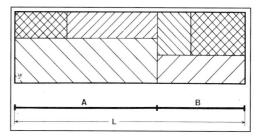

Bild 8-3: Teilung nach dem Goldenen Schnitt: B zu A verhält sich wie A zu L. Die obige Fläche wurde mehrfach aufgeteilt nach dem Goldenen Schnitt; werden die Teilflächen mit verschiedenen Pflanzengruppen besetzt, kann sich ein abwechslungsreiches und sehr harmonisches Gesamtbild ergeben.

heblicher Gewinn an optischer Tiefe (Bild 8-4 auf Seite 46).

Auch das „Dach" ist ein gerne benutztes Gestaltungselement. Hier sorgen einige langwüchsige Pflanzen, z.B. Vallisnerien, durch ihre an der Oberfläche flutenden Blätter für Schattenbereiche im Aquarium. Davon macht das Aquarium auf Bild 8-4 Gebrauch. Der gleiche Effekt kann auch durch Schwimmpflanzen erreicht werden.

Die Pflanzenpracht wird nicht durch ein „Geheimrezept" erzielt, sondern durch überaus sorgfältige und an Penibilität grenzende Pflege. Beispielsweise gilt eine Arbeitszeit von wöchentlich vier Stunden bei einem 300 l Aquarium als Minimalaufwand. Hauptarbeit ist das sorgfältige Einkürzen, Auslichten, Um- und Einsetzen der Pflanzen. Das Rohmaterial an Pflanzen wird vielfach in anderen Aquarien herangezogen, die nicht zur Schau gestellt werden. Der Bodengrund wird sehr häufig mit nahrhafter (Blumen-)Erde angereichert; eine etwa 2 cm hohe Deckschicht aus gewaschenem Kies verhindert das Aufwirbeln trübender Teilchen.

Holländische Aquarien haben durchweg nur kleine Filter, viele sogar überhaupt keinen. Es

51

wurde erkannt, daß ein Aquarienfilter üblicher Bauart wertvolle Pflanzennährstoffe aus dem Wasser herausziehen kann; das gilt insbesondere für lebenswichtige Spurenelemente, wie z.B. Eisen und Mangan. Ein regelmäßiger Teilwasserwechsel, jede Woche etwa 30 %, ist wichtig.

Bis in die 80er Jahre hinein wurde eine möglichst hohe Beleuchtungsstärke angestrebt; es galt die Devise: je mehr Licht, desto besser. Inzwischen hat sich die Erkenntnis durchgesetzt, daß auch beim Licht durch Überdosierung Probleme entstehen.

Die dekorative Anziehungskraft eines Holländischen Aquariums kann nur erkauft werden durch intensive und ausdauernde Pflegearbeiten!

Offenes Aquarium

Ein offenes Aquarium bringt die Natur besonders nahe. Es hat keine Abdeckung und wird mit frei herabhängenden Leuchten erhellt. So kann man auch von oben in das Aquarium schauen und die Pflanzen üppig herauswachsen lassen. Ein offenes Aquarium ist außerordentlich dekorativ, das zeigt Bild 8-5 auf Seite 47. Aber es hat auch einige Nachteile, die man vor seiner Anschaffung kennen sollte:

– Das Wasser verdunstet wesentlich rascher und muß öfter nachgefüllt werden. Weil stets nur das reine H_2O verdunstet, aber nicht die im Wasser enthaltenen Salze, steigt die Härte des Aquarienwassers mit der Zeit an. Das läßt sich vermeiden, indem man zum Nachfüllen entsalztes Wasser benutzt oder häufiger einen Teil des Aquarienwassers wechselt.

– Bei Verdunsten verbraucht jeder Liter Wasser 720 Wh Wärmeenergie. Also sind stärkere Heizer erforderlich, und es wird wesentlich mehr Strom verbraucht. So z.B. verbraucht ein Aquarium, das täglich fünf Liter Wasser verdunstet, neben der normalen Heizleistung zusätzlich noch 5 x 0,72 = 3,6 kWh pro Tag.

– Lebhafte Fische neigen zum Herausspringen. Meist findet man sie erst Wochen später als vertrocknete Mumien.

– Aus dem Wasser herauswachsende Pflanzen sind dekorativ, aber sie werden sehr leicht von Ungeziefer befallen. Die Bekämpfung ist schwierig, weil die meisten Insektizide zugleich giftig sind für die Fische. Einige Insektizide basieren auf dem aus Pflanzen gewonnenen Wirkstoff „Pyrethrum" und sollen nicht fischgiftig sein. Eine Garantie dafür kann aber nicht gegeben werden. Manchmal nützt es, wenn man die befallenen Pflanzenteile einige Zeit unter Wasser taucht; die meisten Insekten schwimmen dann auf der Wasseroberfläche und lassen sich dort absaugen oder werden von Fischen gefressen.

Offene Aquarien erfordern von der Decke herabhängende Leuchten. Anstelle von Leuchtstofflampen werden meist Quecksilberdampf-Hochdrucklampen bevorzugt, weil sich damit kleinere und kompaktere Leuchten bauen lassen. Der Abstand muß so groß sein, daß die Pflanzenblätter an und über der Wasseroberfläche nicht verbrennen, etwa 50 cm genügen. Weitere Angaben zur Beleuchtung enthält das Kapitel „9. Lichtansprüche des Aquariums".

9. Lichtansprüche des Aquariums

Das Licht und sein Tag-Nacht-Rhythmus sind biologisch schwerwiegende Faktoren. Im Aquarium gedeihen Fische und Pflanzen am besten unter den Bedingungen, die sie seit Generationen in der Natur gewohnt sind. Beim Licht sind die Verhältnisse in der Natur so gut wie restlos erforscht; und die Lichttechnik ermöglicht es heute, auch im Aquarium weitgehend naturähnliche Bedingungen zu schaffen.

Die wichtigsten Kenngrößen des Lichtklimas sind: Beleuchtungsstärke, Beleuchtungsdauer und Farbspektrum.

Beleuchtungsstärke

Das Lichtklima unter Wasser unterscheidet sich wesentlich vom Tageslicht über Wasser. Schon beim Eintritt in das Wasser geht Licht für die Wasserwelt verloren, und zwar durch Reflexion an der Oberfläche. Die Verluste steigen, je flacher der Einstrahlwinkel ist. Steht die Sonne senkrecht, so werden 2-3 % des Lichtes reflek-

tiert; wenn sie aber nur 10° über dem Horizont steht, also etwa 1 Stunde vor Sonnenuntergang, dann steigen die Reflexionsverluste auf 33 %, und nur noch 67 % des tageszeitlich bereits abgeschwächten Sonnenlichtes gelangen in das Wasser hinein. Unter Wasser unterliegt das Licht weiteren Verlusten.

Helligkeit in der Natur

Im Aquarium werden überwiegend tropische Tiere und Pflanzen gehalten. Deshalb sind Untersuchungen vor Ort in den Tropen für die Aquaristik aufschlußreich. Dort vermutet man gerne sehr hohe Beleuchtungsstärken. Doch die „Lichtfülle der Tropen" wird oft überschätzt, wie die Tabelle 9-A zeigt.

Die niedrigen Meßwerte überraschen zunächst. Aber die hohen Temperaturen in den Tropen lassen die Luftmassen derart massiv emporsteigen, daß am Äquator ein ausgeprägter Tiefdruckgürtel herrscht. Folglich wird die Tropen-

Tabelle 9-A: Beleuchtungsstärken in den Tropen an Pflanzengewässern, mittags bei sonnigem Wetter gemessen (KRAUSE 1974, 1985)		
Gewässertyp	auf der Oberfläche	in 50 cm Tiefe
Freiliegende, besonnte Flüsse und Seen bewachsen z.B. mit Nymphaea, Limnophila, Bacopa oder Aponogeton (z.B. Bild 9-1 auf Seite ##).	70.000 Lux bis 100.000 Lux	20.000 Lux bis 30.000 Lux
Vom Regenwald beschattete Bäche und Tümpel, bewachsen mit Barclaya oder/und Cryptocorynen (z.B. Bild 9-2 auf Seite ##).	1.000 Lux bis 2.500 Lux	500 Lux bis 1.200 Lux

Tabelle 9-B: Jahresmittel der Beleuchtungsstärken an tropischen Pflanzengewässern (Wetter- und Tagesmittel)		
Gewässertyp	auf der Oberfläche	in 50 cm Tiefe
Freiliegende, besonnte Flüsse und Seen.	45000 Lux bis 56000 Lux	11000 Lux bis 17000 Lux
Vom Regenwald beschattete Bäche und Tümpel.	560 Lux bis 1400 Lux	280 Lux bis 670 Lux

sonne oft durch mehr oder weniger dichte Wolkenschleier abgeschwächt (Bild 9-1 Seite 47).

Die Beleuchtungsstärken in den Tropen sind daher kaum höher als bei uns in Mitteleuropa im Juni.

Ständig besonnte Gewässer werden leicht überhitzt; außerdem verdunsten sie sehr viel Wasser und können nach Ende der Regenzeit sogar vollständig austrocknen. Deshalb liegen aquaristisch interessante Biotope vorzugsweise im Schatten, also am Rande oder innerhalb von Wäldern. Dort ist die Beleuchtungsstärke auch bei freundlichem Wetter oft derart gering, daß sogar um die Mittagszeit Fotos vom Biotop kaum ohne Blitzgerät gelingen.

Die Werte in der Tabelle 9-A habe ich mittags bei sonnigem Wetter gemessen. Die Jahresmittel der Beleuchtungsstärken sind natürlich wesentlich geringer. Berücksichtigt man den witterungsbedingten Mittelwert der Globalstrahlung (erfahrungsgemäß x 0,8) und den Tagesmittelwert (x $1/\sqrt{2}$), so liegen die langfristigen Mittelwerte nur bei ungefähr 56 %. Nach entsprechender Korrektur ergeben sich somit die Jahresmittel in Tabelle 9-B, aus denen sich Richtwerte für die Beleuchtung von Aquarien ableiten lassen.

Bei ungestörtem Verlauf nimmt die Beleuchtungsstärke mit dem Quadrat der Tiefe ab. Das ist in natürlichen Gewässern meist der Fall. Bild 9-3 zeigt die Meßergebnisse an einem augenscheinlich klaren, mit Cryptocorynen bewachsenen Tropenbach in Thailand. In 50 cm Tiefe ist die Beleuchtungsstärke bereits auf 50 % abgesunken, ein durchaus üblicher Wert für biologisch aktive Naturgewässer, besonders in den Tropen.

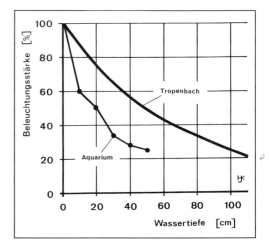

Bild 9-3: Die Beleuchtungsstärke sinkt in zunehmender Tiefe. Meßergebnisse in einem Tropenbach (Thailand) und in einem mit Leuchtstofflampen beleuchteten Aquarium.

Wieviel Lampen?

Grundsätzlich richtet sich die Anzahl der Lampen im Aquarium nach den Bedürfnissen der jeweiligen Pfleglinge. Für Fische spielt die Beleuchtungsstärke allerdings kaum eine Rolle, sie schwimmen von selbst zu den ihnen zusagenden Plätzen; die meisten von ihnen bevorzugen schattige Verstecke und meiden grelles Licht.

Pflanzen dagegen verlangen je nach Art verschieden hohe Beleuchtungstärken. Beispielsweise ist der Lichtbedarf der Wasserhyazinthe (Eichhornia crassipes) so außergewöhnlich hoch, daß sie sich kaum im Aquarium pflegen läßt. Dagegen sind Cryptocorynen durchweg sehr lichtgenügsam und waren deshalb schon in der Pionierzeit der Aquaristik äußerst beliebte Pflanzen. In gewissen Grenzen können sich Pflanzen der vorhandenen Beleuchtungsstärke anpassen, indem sie ihre neu entwickelten Blätter entsprechend ausstatten und Starklicht- bzw. Schwachlicht-Blattformen entwickeln. Einige Pflanzen verändern dabei ihr Äußeres so stark, daß man völlig verschiedene Pflanzenarten zu sehen glaubt.

Es liegt nahe, zum Beispiel mit dem auf Seite 63 beschriebenen Foto-Belichtungsmesser als Luxmeter, die Lichtverteilung im Aquarium auszumessen, und die Pflanzen entsprechend ihrem in der Natur gewohnten Lichtklima zu plazieren. Doch der Bedarf an Kunstlicht ist bei Pflanzen nur schwierig zu erfassen. Das liegt vor allem daran, daß Pflanzen die Farben des Lichtes anders „sehen" als das menschliche Auge (ausführlich erklärt auf Seite 59). Deshalb sind die üblichen Meßverfahren der Beleuchtungsstärke und ihre Angaben in Lux keineswegs verbindlich für den Lichtbedarf der Pflanzen bei Kunstlicht!

Einige Autoren versuchen, das Problem durch praxisnahe Angaben zu lösen. Sie geben bei den Pflegehinweisen der jeweiligen Aquarienpflanzen an, wie hoch die Gesamtleistung an Leuchtstofflampen sein soll je nach Literinhalt des Aquariums (Tabelle 9-C). Die Angaben können nur Richtwerte sein, schon deshalb, weil die Höhe des Aquariums nicht berücksichtigt wird. Denn je nach Höhe ändern sich der Leuchtenabstand zu den Pflanzen und die Lichtverluste im Wasser; beides beeinflußt die Beleuchtungsstärke auf den Blättern.

Tabelle 9-C: Lampenleistung bezogen auf die Wassermenge	
Lichtbedarf der Pflanzen	1 Watt Leistung genügt für
sehr gering	4,0 Liter
gering	3,0 Liter
mittel	2,0 Liter
hoch	1,5 Liter
sehr hoch	1,0 Liter
Beispiel: Ein 120-l-Aquarium erfordert bei mittlerem Lichtbedarf eine Lampenleistung von 120 / 2,0 = 60 Watt.	

Dagegen berücksichtigt die Tabelle 9-D auch die Aquarienhöhe. Die Aquarienlänge wird automatisch erfaßt; und zwar erstens durch die vernünftige Bedingung, daß die Lampen über die gesamte Länge des Aquariums reichen müssen; und zweitens durch die Tatsache, daß alle stabförmigen Leuchtstofflampen etwa die gleiche spezifische Leistung haben, nämlich rund 0,3 Watt pro cm Baulänge. Außerdem berücksichtigt die Tabelle, daß im Aquarium die Beleuchtungsstärke mit der Tiefe nicht quadratisch abnimmt, sondern ab etwa 20 cm Tiefe etwa linear (siehe auch Bild 9-3). Die Ursache liegt darin, daß in der Tiefe – ähnlich wie beim Lichtleiterkabel – das Flutlicht der Leuchtstofflampen durch die Scheiben größtenteils in das Aquarium zurückgespiegelt wird.

**Tabelle 9-D: Erforderliche Anzahl der Leuchtstofflampen
je nach Aquariumgröße (nach KRAUSE)
(Bedingung: Lampenlänge = Aquariumlänge)**

Maße des Aquariums in cm

Höhe	Breite 30	35	40	45	50	55	60	65	70
70	1,8	2,0	2,3	2,6	2,9	3,2	3,5	3,8	4,1
65	1,6	1,9	2,2	2,4	2,7	3,0	3,3	3,5	3,8
60	1,5	1,8	2,0	2,3	2,5	2,8	3,0	3,3	3,5
55	1,4	1,6	1,8	2,1	2,3	2,5	2,8	3,0	3,2
50	1,3	1,5	1,7	1,9	2,1	2,3	2,5	2,7	2,9
45	1,1	1,3	1,5	1,7	1,9	2,1	2,3	2,4	2,6
40	1,0	1,2	1,3	1,5	1,7	1,8	2,0	2,2	2,3
35	0,9	1,0	1,2	1,3	1,5	1,6	1,8	1,9	2,0
30	0,8	0,9	1,0	1,1	1,3	1,4	1,5	1,6	1,8

Beispiel: Aquariummaße h = 45 cm, b = 50 cm. Das Aquarium benötigt rechnerisch 1,9 Lampen; nach Rundung also 2 Leuchtstofflampen. Je nach Lichtbedarf der Pflanzen kann der Tabellenwert korrigiert werden mit folgenden Faktoren:

Lichtbedarf	gering	:	0,5
	normal	:	1
	hoch	:	1,5
	sehr hoch	:	2

Bei hohem Lichtbedarf erhält das obige Aquarium 1,9 x 1,5 = 2,85 Leuchtstofflampen, also gerundet 3 Leuchtstofflampen.

Bei Hängeleuchten mit Hochdrucklampen sind genaue Angaben ebenfalls kaum möglich. Insbesondere deshalb, weil jeder Hersteller in seinen Leuchten andere Reflektoren benutzt und dadurch die ausgeleuchtete Fläche (Lichtkreis) sehr verschieden sein kann. Die Richtwerte in der Tabelle 9-E setzen voraus, daß die Leuchten 50 cm Sicherheitsabstand[1] über dem Aquarium einhalten, in 1 m Abstand einen Lichtkreis von 1 m Durchmesser erzeugen und mit Warmton-HQL-Lampen bestückt sind (z.B. „de Luxe", „Super de Luxe" oder „Comfort").

**Tabelle 9-E: Erforderliche Anzahl
der Hängeleuchten in 50 cm Höhe**

Beckenhöhe cm	Leistung Watt	1 Leuchte für je .. cm Beckenlänge
40	80	50
50	80	40
50	125	50
60	125	45
70	125	35

Beispiel: Ein 50 cm hohes und 100 cm langes Aquarium benötigt als Richtwert zwei 125-Watt-Leuchten.

[1] Ein Mindestabstand von 50 cm ist Vorschrift für nicht spritzwassergeschützte Leuchten; hierzu gehören fast alle Aquarien-Hängeleuchten.

Anzeichen für zu viel bzw. zu wenig Licht

Die vorangegangenen Tabellen und Hinweise können nur Richtwerte liefern. Die Frage „Wieviel Licht braucht ein Aquarium?" läßt sich also im voraus nicht exakt beantworten. Erschwerend kommt hinzu, daß der Lichtbedarf der Pflanzen auch stark von der Wassertemperatur abhängt und vom Nährstoffangebot. Folgende Anzeichen können auf zu viel beziehungsweise zu wenig Licht hinweisen:

– Zu viel Licht:
Manche grundständige Pflanzen, wie z.B. Cryptocorynen oder einige Echinodorus-Arten, halten ihre Blätter nicht mehr steil aufrecht, sondern breiten sie flacher aus. Der Pflanzenwuchs ist oft gehemmt, weil durch die zu starke Beleuchtung der O_2-Gehalt zu hoch anstieg und dadurch das Nährstoffklima stark verschlechtert wurde. – Außerdem siedeln sich leicht Algen an, insbesondere Blaualgen (Cyanophyten), die einen typischen, unangenehmen Geruch haben und als blaugrüner, schmieriger Belag samtartig die Dekoration und die Pflanzen überziehen; doch sei betont, daß Algenwuchs oft andere Ursachen hat.

– Zu wenig Licht:
Pflanzen mit roten Blättern, wie sie z.B. bei Althernanthera- oder Myriophyllum-Arten vorkommen, verlieren ihre dekorative Farbe und vergrünen. Stengelpflanzen neigen zur Bildung langer Stengelabschnitte (Internodien) zwischen den Blattquirlen. Bei zu schwachem Licht wachsen Aquarienpflanzen nur zögernd, aber keineswegs darf umgekehrt aus schlechtem Wuchs stets auf Lichtmangel geschlossen werden! Sehr viel häufiger kümmern Pflanzen wegen einer schlechten Nährstoffversorgung!

Hinweis: In grober Näherung und engen Grenzen gilt: Pflanzen verwerten das Licht als Produkt aus Beleuchtungsstärke und Zeit. Daher kann eine zu lange (bzw. zu kurze) Lichtperiode ähnlich wirken wie eine zu starke (bzw. zu schwache) Beleuchtung.

Beleuchtungsdauer

Der Tag-Nacht-Rhythmus prägt das Leben von Tier und Pflanze. Sehr viele Stoffwechselprozesse werden vom Lichtwechsel gesteuert.

Tabelle 9-F : Tageslängen (Std : Min) je nach Jahreszeit und nördlicher geographischer Breite				
	Tropen		Subtropen	Berlin
	0 °	23 °	35 °	52,5 °
21. März	12 : 07	12 : 09	12 : 11	12 : 15
21. Juni	12 : 10	13 : 33	14 : 30	16 : 50
21. September	12 : 07	12 : 09	12 : 11	12 : 15
21. Dezember	12 : 10	10 : 43	9 : 46	7 : 46

Hinweis: Für die südliche Breite sind die Angaben für Juni und Dezember zu vertauschen. – Wegen der besonderen Lichtbrechung am Horizont scheint die Sonne mehrere Minuten länger als geometrisch zu erwarten ist; deshalb ist z.B. der Tropentag stets länger als 12 Stunden.

Tageslängen in der Natur

Auf der Erde sind die Tage je nach Jahreszeit und geographischer Breite des Ortes verschieden lang. Beispiele zeigt Tabelle 9-F (Seite 57).

Für die Fische scheint die Tageslänge, auch Lichtperiode genannt, kaum eine Rolle zu spielen. Untersuchungen darüber, ob zum Beispiel durch Licht die Freßlust oder das Laichverhalten beeinflußt werden kann, sind bisher nicht bekannt.

Tropenpflanzen sind an einen 12-Stundentag gewöhnt, und zwar unabhängig von der Jahreszeit. Pflanzen aus den übrigen Gebieten kennen wechselnde Tageslängen, nämlich je nach Jahreszeit sogenannte Kurz- oder Langtage. Viele Pflanzen reagieren deutlich auf die Tageslänge (Photoperiodismus). Einige bilden nur im Kurztag Blüten, andere nur im Langtag.

So zum Beispiel pflegen viele Schwertpflanzen (Echinodorus) Blüten nur dann anzusetzen, wenn die Lichtperiode länger als 13,5 Stunden ist. Dabei genügt es, wenn die längere Lichtperiode nur eine Woche lang anhält und danach der Tag wieder kürzer wird. Dieser kurze Reiz reicht aus, um etwa drei Wochen später die Blütenstände austreiben zu lassen.

Wie lange beleuchten?

Weil die meisten Aquarienpflanzen aus den Tropen stammen und deshalb an einen 12-Stunden-Tag gewöhnt sind, sollte grundsätzlich die Aquarienbeleuchtung täglich etwa 12 Stunden eingeschaltet sein. Das gilt auch für Aquarienpflanzen aus den Subtropen, also aus der Übergangszone zwischen Tropen und gemäßigtem Klima. Nur wenn bestimmte subtropische Arten zum Blühen gebracht werden sollen, die üblicherweise nur im Kurz- oder im Langtag Blüten ansetzen,

muß die Lichtperiode entsprechend geändert werden. Die Tageslängen in den Subtropen können aus Tabelle 9-F entnommen werden.

Wird vom 12-Stunden-Tag abgewichen, so sollte die Aquarienbeleuchtung nicht kürzer als 9 oder länger als 16 Stunden eingeschaltet sein. Insbesondere Dauerlicht schadet, denn alle Pflanzen benötigen unbedingt eine Dunkelperiode von mindestens vier Stunden, um die während der Lichtperiode aufgestauten Assimilate aufarbeiten zu können.

Aquarienpflanzen reagieren oftmals dankbar und werden weniger von Algen befallen, wenn die Lichtperiode über 12 Stunden hinaus etwas verlängert und gleichzeitig die Beleuchtungsstärke entsprechend verringert wird. Wissenschaftliche Untersuchungen scheinen diese Beobachtung zu bestätigen, denn viele unter Schwachlicht aufgewachsene Pflanzen verhalten sich photosynthetisch als sogenannte Schattenpflanzen und können das Licht besser verwerten. Diese Anpassungsmöglichkeit scheint Algen zu fehlen.

Interessanterweise reagieren Aquarienpflanzen überaus positiv auf einen gelegentlichen „Regentag". Auch in der Natur scheint die Sonne nicht jeden Tag! Auf die Aquaristik übertragen bedeutet das: An 1 Tag in der Woche soll die Beleuchtung überhaupt nicht eingeschaltet werden und nur das diffuse Tageslicht im Raum einwirken. Am folgenden Tag sehen die Aquarienpflanzen meist deutlich erholt aus. Schaltuhren mit Wochenprogramm können automatisch einen solchen „Regentag" einfügen. Beim ersten Mal aber muß das Aquarium genau überwacht werden; es könnte sein, daß der Sauerstoffgehalt im Aquarienwasser für einige Fische, die aus rasch strömenden Bächen stammen und daher an hohe Sauerstoffgehalte gewöhnt sind (z.B. Kongosalmler), zu tief absinkt. Dann darf es nur ein halber „Regentag" sein.

58

Farbspektrum

zusammengesetzt. Weißes Tageslicht enthält sogar sämtliche Farben des Regenbogens. Natürliches wie auch künstliches Licht muß nicht alle Farben gleichmäßig enthalten, sondern es können im Spektrum Farben fehlen oder im Übergewicht vorhanden sein. Zur näheren Erläuterung siehe unter Lichtfarbe und Farbtemperatur auf Seite 66.

Farbspektren in Gewässern

Unter Wasser ändert sich das Farbspektrum des Lichtes erheblich, denn die einzelnen Farben werden vom Wasser unterschiedlich absorbiert. Infrarotstrahlung (IR-Strahlung) wird bereits nach wenigen Millimetern vollständig verschluckt; auch Ultraviolettstrahlung (UV-Strahlung) dringt nur wenige Zentimeter tief ein. IR- und UV-Strahlung spielen daher praktisch keine Rolle für die Bewohner im Wasser. – Absorbierte Strahlungsanteile werden in Wärme umgesetzt.

Im klaren Wasser dringt Grünblau am tiefsten ein. Mit zunehmender Trübung des Gewässers nimmt die Absorption zu; außerdem wird das Farbmaximum nach Gelborange verschoben (Bild 9-4).

Viele Gewässer haben eine Eigenfärbung, z.B. durch torfige Bestandteile. Dadurch wird das Licht zusätzlich geschwächt und farblich verändert. Auch die Uferbepflanzung kann das Farbspektrum unter Wasser beeinflussen. So zum Beispiel, wenn ein Teich unter dichten Baumkronen liegt und das Tageslicht vom Laub grüngefiltert wird. Oder wenn ein Bach am Rande eines Waldes liegt, der die Sonne abschattet und nur dem blauen Himmelslicht Zutritt läßt.

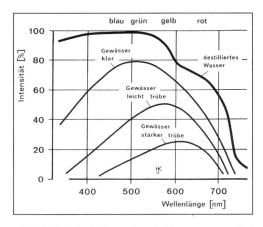

Bild 9-4: Typische Farbenverluste in Binnengewässern je 1 m Tiefe. Rotes Licht wird am stärksten gedämpft, mit zunehmender Trübung auch grünblaues. In stärker getrübten Gewässern herrscht in 1 m Tiefe ein stark gedämpftes, gelbes Lichtklima. – Die Kurven gelten nicht für Meerwasser.

In den Binnengewässern sind demnach Fische und Pflanzen nicht an ein einheitliches Farbspektrum gewöhnt.

Sehlicht – Wuchslicht

Die Farben des Lichtes werden unterschiedlich stark wahrgenommen. Wie Bild 9-5 (Seite 60) zeigt, ist das menschliche Auge besonders sensibel für grüngelbes Licht, während rotes und blaues Licht dunkler erscheinen. Pflanzen dagegen „sehen" bevorzugt die Rot- und Blauanteile des Lichtes. Grünes Licht verwerten die Pflanzen kaum; sie reflektieren es, und deshalb sehen die meisten Pflanzen grün aus!

Die Tatsache, daß Mensch und Pflanze die Lichtfarben unterschiedlich bewerten, hat sehr weit reichende Konsequenzen: Licht, welches der Mensch als hell empfindet, kann den Pflanzen dunkel erscheinen. Auch der umgekehrte Fall ist möglich; es hängt allein von der Farbzusammensetzung des Lichtes ab!

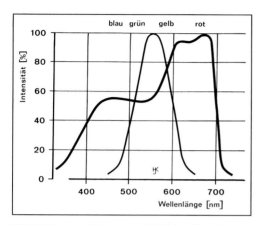

Bild 9-5: Das menschliche Auge sieht Grüngelb am hellsten (dünne Kurve). Pflanzen dagegen „sehen" rotes Licht am stärksten, wie die dicke Kurve von der Aktivität der Photosynthese zeigt (nach ELGERSMA 1985: Natuurkundige aspecten van groei-licht, Philips Natuurkundig Lab.).

Deshalb ist die für Pflanzen wirksame Strahlung nicht mit einem Luxmeter meßbar! Die lichttechnischen Begriffe „Beleuchtungsstärke", „Lux" usw. basieren auf der Farbempfindlichkeit des menschlichen Auges! Die für Pflanzen wirksame Strahlung läßt sich nur mit einem Gerät beurteilen, das die Farbempfindlichkeit der Pflanzen besitzt, also mit „Pflanzenaugen sieht"! Solche PAR-Meßgeräte (PAR = Photosynthetic Active Radation) sind sehr teuer und deshalb kaum verbreitet.

Strenggenommen gilt der Begriff „Licht" nur für den Teil der Strahlung, den das menschliche Auge sehen kann. Daher sind die auf Bild 9-5 außerhalb der Augenkurve liegenden Strahlungsanteile, auch wenn sie pflanzenwirksam sind, kein „Licht". Sie sind ganz allgemein „Strahlung". In diesem Buch aber soll auch hierfür, dem allgemeinen Sprachgebrauch folgend, weiterhin vom Licht die Rede sein.

Pflanzenfreunde müssen folglich zwei Lichtarten unterscheiden:

– Sehlicht
  Das ist der Strahlungsanteil, der von dem menschlichen Auge wahrgenommen wird. Seine Intensität kann mit einem Luxmeter als Beleuchtungsstärke gemessen und beurteilt werden.

– Wuchslicht
  Das ist der Strahlungsanteil, der von der Pflanze zur Photosynthese genutzt wird. Photosynthese bedeutet Produktion pflanzeneigener Substanz (Wachstum) unter Aufnahme von Kohlendioxid und Abgabe von Sauerstoff. Die Intensität des Wuchslichtes ist mit einem Luxmeter n i c h t meßbar.

Welche Lichtfarbe der Lampe?

Lampen werden mit verschiedenen Farbspektren (Lichtfarben) angeboten. Welche sind für das Aquarium geeignet?

Lampen mit UV-Strahlung bringen im Aquarium keine Vorteile, weil der UV-Anteil schon nach einigen cm Wassertiefe völlig absorbiert wird (Bild 9-4). Die hierfür aufgewendete Energie ist aquaristisch nutzlos und geht somit verloren.

Bei pflanzenlosen Fischaquarien wähle man eine Lichtfarbe, die dem Auge angenehm ist und die Fische in natürlichen Farben erscheinen läßt. Das sind zum Beispiel die sogenannten Tageslichtfarben.

Werden außerdem Aquarienpflanzen gepflegt, so müssen auch deren Ansprüche berücksichtigt werden. Die Photosynthesekurve in Bild 9-5 zeigt, daß im roten Bereich die Aktivität aller Pflanzen am höchsten ist. Daher sind Lampen mit erhöhtem Rotanteil, also Warmtonlampen, vorteilhaft; der Blauanteil ist bei allen üblichen Lampen durchweg hoch genug.

Gerade für Pflanzen im Aquarium ist ein hoher Rotanteil ganz besonders wichtig, weil rotes Licht vom Wasser stark absorbiert wird. In einem Aquarium mit durchschnittlich verschmutztem Wasser verändert sich das Farbspektrum bereits in geringer Tiefe erheblich, und mit zunehmender Tiefe wachsen die Verluste drastisch. Bild 9-6 zeigt die Farbveränderungen, mit denen im Aquarium gerechnet werden muß. Die Kurven berücksichtigen nur den Einfluß des Wassers, darüber hinaus spielt auch die individuelle Gestaltung des Aquariums eine wesentliche Rolle; so zum Beispiel ist das Farbklima in einem mit Moorkienholz dekorierten Barschbecken anders als in einem grünen Pflanzenaquarium.

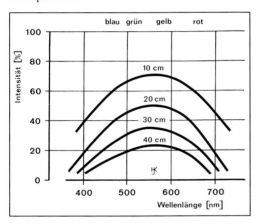

Bild 9-6: Im Aquarium muß mit erheblichen Farbveränderungen gerechnet werden. Bereits in 20 cm Tiefe sind nur noch 30 % des für die Pflanzen besonders wirksamen Rotanteils vorhanden.

Für Pflanzenfreunde gilt: Geeignet sind Warmtonlampen mit ausreichendem Rotanteil, die gleichzeitig zum Betrachten des Aquariums ein angenehmes Licht liefern. Hierzu zählen auch (Halogen-) Glühlampen; sie haben einen besonders hohen Rotanteil.

Bei Leuchtstofflampen ist das Angebot an Lichtfarben sehr umfangreich. Tabelle 11-F auf Seite 71 erleichtert die Auswahl.

Bei den Quecksilberdampf-Hochdrucklampen kommen unter den HQL-Lampen nur die Lichtfarben Warmweiß und Warmton in Betracht (Tabelle 11-I, Seite 73). Unter den HQI-Lampen könnte die Lichtfarbe WDL benutzt werden (Tabelle 11-L, Seite 75), jedoch wurden an Pflanzenaquarien mit HQI-Lampen überwiegend schlechte Erfahrungen gemacht, die Ursachen dafür sind noch ungeklärt.

Interessanterweise können Warmtonlampen, auch wenn sie erhebliche Lücken im Farbspektrum haben, trotzdem pflanzenfreundlich sein. Das liegt daran, daß die Pflanzen in einem recht breiten Spektralbereich photosynthetisieren können, wie Bild 9-5 zeigt. Lampen mit lückenhaftem Spektrum haben meist eine besonders hohe Lichtausbeute, so z.B. Dreibandenlampen[1] etwa +40 %; sie können deshalb durchaus mehr Wuchslicht liefern als Lampen, die zwar ein lückenfreies Spektrum besitzen, aber dafür eine schlechtere Lichtausbeute.

Tabelle 9-G: Sauerstoffproduktion einer Aquarienpflanze (Bacopa caroliniana) nach Änderung des gewohnten Lichtklimas	
Lichtklima	Sauerstoffproduktion
Lichtklima bei Aufzucht	
Lichtfarbe „Tageslicht" Wechselstrombetrieb	100 %
geändertes Lichtklima	
Lichtfarbe „Tageslicht" Gleichstrombetrieb	93 %
Lichtfarbe „Fluora" Wechselstrombetrieb	52 %
Lichtfarbe „Fluora" Gleichstrombetrieb	27 %

[1] Der Begriff Dreibandenlampe wird erklärt auf Seite 68.

Dringend gewarnt sei vor Versuchen, stagnierende Pflanzen durch Lichtfarbenwechsel wieder zum Wachsen zu bringen. Wuchsstillstand hat ausnahmslos andere Ursachen! Die Aquarienpraxis beweist immer wieder: Wird nach Eingewöhnung die Lichtfarbe geändert, so muß bei empfindlichen Pflanzen sogar mit einem totalen Zusammenbruch gerechnet werden. Warum? Jedes Blatt paßt sich während seiner Entwicklung an die aktuelle Lichtfarbe an (chromatische Adaption) und kann sich später nicht mehr umgewöhnen! Wird nach Abschluß der Entwicklung das Lichtklima geändert, kann das fertige Blatt nicht mehr optimal assimilieren. Für die Pflanze beginnt dann eine Streßphase, die erst endet, nachdem eine ausreichende Anzahl neuer Blätter entwickelt sind. Das dauert unter günstigen Umständen 1-2 Monate.

Tabelle 9-G (Seite 61) zeigt das Verhalten einer Aquarienpflanze (Bacopa caroliniana) nach Änderungen ihres von der Aufzucht her gewohnten Lichtklimas. Interessant ist, daß außer der Lichtfarbe auch der Kurzzeitverlauf des Lichtes eine Rolle spielt: Meine Versuchspflanzen waren an das mit 100 Hertz pulsierende Licht der mit Wechselstrom betriebenen Leuchtstofflampen gewöhnt, unter gleichförmigem Licht reagierten sie mit verminderter Assimilation.

Lichtansprüche – kurz und bündig

<u>pflanzenlose Fischaquarien:</u>

- Viele Fische sind lichtscheu und suchen Schattenplätze; dann nicht zu hell beleuchten.
- Für gute Farbwiedergabe tageslichtähnliche Lichtfarben wählen.

<u>bepflanzte Aquarien:</u>

- In der Natur gemessene Lux-Werte nützen nicht bei Kunstlicht!
- Lampenanzahl nach Tabellen 9-C, 9-D oder 9-E (Seiten 55 – 56) wählen.
- Beleuchtungsdauer 10-15 Stunden täglich, naturnah sind ungefähr 12 Stunden. „Regentag" nicht vergessen!
- Nur bei warmen Lichtfarben erhalten die Pflanzen die photosynthetisch besonders wirksamen Rotanteile. Bei der Auswahl helfen die Tabellen 11-F (Seite 71), 11-I (Seite 73) und 11-L (Seite 75).

10. Lichttechnische Begriffe

Der Lichttechniker benutzt Fachwörter, die nicht immer sofort verständlich sind. Einige weichen ab vom allgemeinen Sprachgebrauch, wodurch leicht Mißverständnisse entstehen. So zum Beispiel denkt der Laie bei „Lampe" meist fälschlich an „Leuchte".

Auch die Aquaristik kommt nicht ohne lichttechnische Begriffe aus, die wichtigsten werden im folgenden erläutert.

Leuchte

Dekorativ-funktionelles Gehäuse für die auswechselbare Lichtquelle. Umgangssprachlich oft: Lampe.

Lampe

Das ist die eigentliche Lichtquelle. Umgangssprachlich oft: Birne, Röhre, Brenner.

Beleuchtungsstärke

Maßeinheit: Lux (lx)
Maß für die Helligkeit auf einer Fläche, also zum Beispiel auf dem Blatt einer Aquarienpflanze. Beispiele aus dem täglichen Leben nennt Tabelle 10-A.

Tabelle 10-A: Beleuchtungsstärken im täglichen Leben, gemessen in Lux (lx)	
heller Sonnenschein	100 000 lx
im Baumschatten	10 000 lx
am Zimmerfenster	1 000 lx
im Zimmer bei Kunstlicht	300 lx
nachts beleuchtete Straße	20 lx
helles Vollmondlicht	0,2 lx

Bei einer punktförmigen Lichtquelle nimmt die Beleuchtungsstärke ab mit dem Quadrat der Entfernung; das heißt, in der doppelten Entfernung ist nur noch ein Viertel der Beleuchtungsstärke vorhanden. Im Nahfeld von Aquarienleuchten und vielen anderen Geräten gilt das Quadratgesetz nicht, weil die Lichtquelle im Vergleich zur betrachteten Entfernung nicht punktförmig ist.

Ein einfaches Luxmeter

Wirklich richtig messende Luxmeter kosten etwa zwei durchschnittliche Brutto-Monatsgehälter. Die einwandfreie Farbkorrektur der Fotozelle ist sehr aufwendig und treibt den Preis in die Höhe. Alle im Hobbybereich angebotenen Billiggeräte sind insbesondere bei Kunstlicht unzuverlässig.

Als einfaches Luxmeter kann ein Foto-Belichtungsmesser dienen in Verbindung mit Tabelle 10-B (Seite 64). Damit lassen sich die Lichtverhältnisse in der Natur mit hinreichender Genauigkeit messen. Bei Kunstlicht treten erhebliche Meßfehler auf, weil die Farbempfindlichkeit des Belichtungsmessers abgestimmt ist auf einen Tageslicht-Farbfilm und nicht auf das Farbempfinden des Auges; siehe auch Seite 60. Bei Aquarienleuchten erhält man deshalb je nach Lichtfarbe mehr oder weniger falsche Luxwerte. Vergleichsmessungen bei ein und demselben Kunstlicht sind aber möglich.

Aquaristisch ist so ein Meßgerät recht nützlich. Zum Beispiel lassen sich die Lichtleistungen verschiedener Aquarienleuchten miteinander vergleichen, allerdings nur dann, wenn sie mit Lampen derselben Lichtfarbe bestückt sind. Wird der Belichtungsmesser in einem Plastikbeutel wasserdicht verpackt, kann man auch unter

Tabelle 10-B: Foto-Belichtungsmesser als Luxmeter	
Einstellungen: 50 ASA, Blende 4, Streudiffusor für Lichtmessung aufgesetzt.	
gemessene Verschlußzeit (Sekunden)	Beleuchtungs- stärke (Lux)
1/1	88
-	110
-	140
1/2	175
-	220
-	280
1/4	350
-	440
-	560
1/8	700
-	880
-	1100
1/15	1400
-	1760
-	2200
1/30	2800
-	3500
-	4400
1/60	5500
-	7000
-	8700
1/125	11000
-	14000
-	17500
1/250	22000
-	27700
-	35000
1/500	44000
-	55500
-	70000
1/1000	88000
-	110000
-	140000
1/2000	176000

Wasser im Aquarium die unterschiedliche Lichtverteilung beurteilen.

Die Tabelle 10-B gilt nur für Tageslicht. Bei Glühlampenlicht erhält man etwa doppelt so hohe Werte (z.B. fälschlich 1400 anstelle richtig 700 lx); für das Licht von Leuchtstoff- und anderen Lampen sind keine allgemein gültigen Korrekturangaben möglich.

Lichtstrom

Maßeinheit: Lumen (lm)
Maß für die Lichtenergie, die von einer Lichtquelle in den Raum abgegeben wird. Ein Lichtstrom von 1 Lumen erzeugt auf einer Fläche von 1 m^2 eine Beleuchtungsstärke von 1 Lux (Bild 10-1).

Den Lichtstrom einiger bekannter Lichtquellen zeigt Tabelle 10-C.

Tabelle 10-C: Lichtstrom einiger Lampen, gemessen in Lumen (lm)		
normale Glühlampe	40 W	430 lm
normale Glühlampe	100 W	1380 lm
Halogenglühlampe (230 V)	100 W	1600 lm
Halogenglühlampe (12 V)	100 W	2300 lm
HWL-Lampe u.ä.	36 W	3500 lm
HQL-Lampe u.ä.	80 W	3800 lm
HQI-Lampe u.ä.	70 W	5200 lm
Leuchtstofflampe	58 W	5400 lm

Der Lichtstrom wird in den Datenblättern der betreffenden Lampen angegeben. Wenn die Lampen in ein Gerät (z.B. Aquarienleuchte) eingebaut sind, so geht ein Teil vom „Lampenlichtstrom" verloren; übrig bleibt der „Gerätelichtstrom".

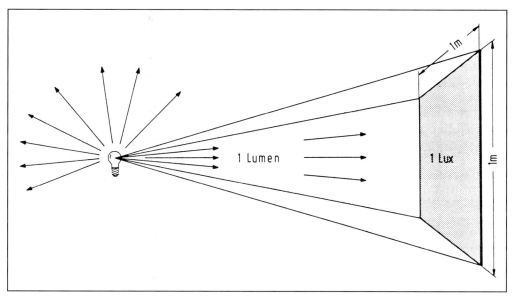

Bild 10-1: Vom gesamten Lichtstrom, der die Lampe nach allen Seiten verläßt, trifft nur ein kleiner Teil auf den Schirm. Ist dieser Teil des Lichtstromes 1 Lumen groß, so erzeugt er auf dem 1 m^2 großen Schirm die Beleuchtungsstärke 1 Lux.

Lichtausbeute

Maßeinheit: Lumen pro Watt (lm/W)
Abgegebener Lichtstrom pro Watt Stromaufnahme, also der Wirkungsgrad einer Lampe. Die Lichtausbeute hängt ganz wesentlich vom Lampentyp ab. Von den aquaristisch einsetzbaren Lampen haben den höchsten Wirkungsgrad die Leuchtstofflampen (Tabelle 10-D).

Tabelle 10-D: Lichtausbeute von Lampen, gemessen in Lumen pro Watt (lm/W)	
normale Glühlampe	10-15 lm/W
Halogenglühlampe (230 V)	14-20 lm/W
Halogenglühlampe (12 V)	23-25 lm/W
HWL-Lampe u.ä.	11-28 lm/W
HQL-Lampe u.ä.	40-65 lm/W
HQI-Lampe u.ä.	55-85 lm/W
Leuchtstofflampe	65-95 lm/W

Leuchtdichte

Maßeinheit: Candela pro Quadratmeter (cd/m^2)
Maß für die Intensität des Lichtes.

Zum besseren Verständnis ein Beispiel: Wird das Licht einer Lampe gebündelt (Scheinwerfer), so bleibt der Lichtstrom unverändert, aber die Leuchtdichte wächst entsprechend dem Bündelungsfaktor.

Die Leuchtdichte spielt in der Aquarienpraxis eine wichtige Rolle, z.B. im Zusammenhang zwischen Leuchtdichte und Blendung: Leuchtstofflampen geben ihr Licht von einer großen Oberfläche ab, das Licht hat eine geringe Leuchtdichte und blendet kaum; gleich starke Quecksilberdampf-Hochdrucklampen geben den gleichen Lichtstrom von einem viel kleineren Leuchtkörper ab, folglich hat ihr Licht eine hohe Leuchtdichte und kann blenden.

Lichtfarbe

Maßeinheit: ohne
Weißes Licht ist stets aus mehreren Farben zusammengesetzt. Das beweist zum Beispiel der Regenbogen; er entsteht, wenn das Spektrum des Sonnenlichtes durch Regentropfen in die Einzelfarben (Spektralfarben) zerlegt wird. Weißes (Kunst-)Licht muß aber nicht sämtliche Einzelfarben des Regenbogens enthalten, sondern es genügt eine ausgewogene Auswahl davon. Überwiegen in der Farbmischung eine oder mehrere Farben, so wird das Licht farbig und kann sogar bestimmte Empfindungen auslösen. Licht mit erhöhtem Blauanteil wird als „kalt" empfunden, dagegen solches mit erhöhtem Rotanteil als „warm".

Farbtemperatur

Maßeinheit: Kelvin (K)
Maß für den Farbcharakter einer Lichtquelle, ähnlich wie die Lichtfarbe. Wird ein schwarzer Körper erhitzt bis zum Glühen, so leuchtet er je nach Temperatur in verschiedenen Farben. Bei niedriger Temperatur ist das Licht dunkelrot (z.B. Zigarettenglut), mit wachsender Temperatur wechselt das Licht ins Weiße und sogar Blauweiße (z.B. Schweißflamme). Die Farbe hängt also ab von der Temperatur, die sich in Kelvin angeben läßt. Kurioserweise entspricht „warmes" Licht einer niedrigen Farbtemperatur und umgekehrt (Tabelle 10-E).

Tabelle 10-E: Farbtemperaturen einiger Lichtquellen in Kelvin	
normale Glühlampe	2500 K
Halogenglühlampe	3000 K
Tageslicht, früh/spät	3000 K
L-Lampe Warmweiß	3000 K
L-Lampe Neutralweiß	4000 K
L-Lampe Tageslichtweiß	>5000 K
Tageslicht, mittags	6000 K

Farbwiedergabe nach DIN 5035

Die Farben eines Gegenstandes werden nur dann richtig wiedergegeben, wenn das Licht – wie z.B. das Tageslicht – alle Farben gleichmäßig verteilt enthält. Beim Kunstlicht aber fehlen oft einzelne Farben im Spektrum, und dann werden die betreffenden Farben der Gegenstände falsch oder nur in schmutzigen Grautönen wiedergegeben.

Zur Ermittlung der Farbwiedergabequalität wurden 8 Testfarben aus unserer Umwelt ausgewählt und festgelegt, die jeweils mit Tageslicht und mit der zu prüfenden Lampe beleuchtet werden. Je geringer die Farbabweichungen bei den einzelnen Testfarben sind, desto besser ist die Farbwiedergabe. Als Maße sind der R_a-Index sowie Farbwiedergabestufen gebräuchlich, siehe Tabelle 10-F.

Tabelle 10-F: Farbwiedergabe nach DIN 5035		
Stufe	R_a-Index	Beurteilung
1A	90-100	sehr gut
1B	80-89	sehr gut
2A	70-79	gut
2B	60-69	gut
3	40-59	weniger gut
4	20-39	–

Wichtig: Die Beurteilungen nach DIN 5035 berücksichtigen nur das Farbensehen des Menschen, also zum Beispiel die richtige Farbwiedergabe von Fischen und Pflanzen im Aquarium. Die Beurteilungen sind aber nicht übertragbar auf das Farbensehen der Fische oder das Farbempfinden der Pflanzen; deshalb sind z.B. verbindliche Rückschlüsse auf die photosynthetische Wirksamkeit nicht möglich.

11. Technik der Lampen und Aquarienleuchten

Aquarienleuchten können mit Lampen verschiedenster Art bestückt sein. Jede Lampe hat ihre besonderen Eigenschaften.

Glühlampen, Halogenglühlampen

Glühlampen eignen sich nur in Sonderfällen zur Aquarienbeleuchtung. Sie haben eine sehr schlechte Lichtausbeute und setzen über 95 % der elektrischen Energie in Wärme um.

Halogenglühlampen nutzen die Energie etwas besser. Ihrer Gasfüllung ist ein Halogen zugesetzt, zum Beispiel Jod. Dieses verbindet sich chemisch mit dem Wolfram, das aus dem heißen Glühfaden herausdampft. Bei normalen Lampen würde sich der Wolframdampf auf dem Glaskolben als Schwärzung niederschlagen und den Lichtaustritt behindern. Die Halogenverbindung aber trägt das ausgedampfte Wolfram in einem raffinierten Kreisprozeß zurück auf den Glühfaden und lagert es dort wieder an. Für den Wolfram-Halogen-Kreisprozeß muß der Glaskolben sehr heiß werden (über 400 °C); er ist deshalb klein und aus Quarzglas gefertigt.

Die Glaskolben der Halogenlampen dürfen auch im kalten Zustand nicht mit bloßen Fingern angefaßt werden. Es bleiben Fingerabdrücke (Schweiß, Fett usw.) zurück, die später auf dem heißen Glaskolben einbrennen und den Lichtaustritt behindern. Fingerabdrücke müssen vor dem Einschalten wieder säuberlich entfernt werden.

Halogenglühlampen sind teurer als einfache Glühlampen. Aber sie bleiben weitgehend frei von Kolbenschwärzungen, haben eine bessere Lichtausbeute und eine längere Lebensdauer.

Die mittlere Lebensdauer liegt bei 2000 Stunden; beim Abschätzen der Betriebszeit hilft Tabelle 11-A.

Tabelle 11-A: Betriebszeit von Halogenglühlampen	
bei täglich Stunden	sind 2000 h erreicht nach Monaten
10	6,6
11	6,0
12	5,5
13	5,1
14	4,7
15	4,4
16	4,1
17	3,9
18	3,6

Niedervolt-Halogenglühlampen haben einen besonders kleinen Glaskolben. Deshalb läßt sich ihr Licht gut bündeln. Mit scheinwerferartigen Leuchten lassen sich im Aquarium sehr dekorative Licht-Schatten-Effekte erzeugen.

Bei Niedervolt-Halogenglühlampen soll der zugehörige Transformator möglichst mit Nennlast betrieben werden, also zum Beispiel ein 200-Watt-Trafo mit 4 Lampen je 50 Watt. Bei Unterlast liefert er eine höhere Spannung, wodurch die Lebensdauer der Lampen ganz erheblich verkürzt wird! Grundsätzlich hängt die Lebensdauer aller Glühlampen stark von der Betriebsspannung ab, aber Niedervolt-Halogenlampen reagieren besonders empfindlich: Bei nur 10 % Überspannung sinkt ihre Lebensdauer auf ein Viertel (Tabelle 11-B, Seite 68)!

| Tabelle 11-B: Lebensdauer von Niedervolt-Halogenlampen bei Über- oder Unterspannung ||
Betriebs-spannung	Lebensdauer
+ 10 %	25 %
+ 8 %	34 %
+ 6 %	45 %
+ 4 %	57 %
+ 2 %	77 %
Nennspannung	**100 %**
− 2 %	130 %
− 4 %	166 %
− 6 %	213 %
− 8 %	270 %
− 10 %	345 %

Halogenglühlampen größerer Leistung strahlen auch im nahen UV-Bereich. Deshalb kann eine 50-Watt-Leuchte in 30 cm Abstand nach 2stündiger Belichtung sonnenbrandähnliche Hautreizungen hervorrufen (Erythem). Die Leuchten sollten ein Schutzglas besitzen; es schützt nicht nur gegen UV-Strahlung, sondern auch gegen zufällige Berührung der bis zu 900 °C heißen Lampe.

Die Lichtfarbe aller Glühlampen hat ausgeprägten Warmtoncharakter. Sie liefern im roten Spektralbereich etwa dreimal so viel Licht wie im blauen. Aquarienpflanzen reagieren bekanntlich sehr dankbar auf kräftige Rotanteile (siehe Seite 59). So wird verständlich, daß auch in der Glühlampenzeit der Aquaristik (bis etwa 1950) Aquarienpflanzen gepflegt werden konnten; natürlich waren es oft nur recht lichtgenügsame Vallisnerien und Crytocorynen, aber auch Echinodorusarten wurden erfolgreich kultiviert unter relativ schwachem Glühlampenlicht, wobei z.B. 2x25 Watt an einem 100-Liter-Aquarium als sehr ordentliche Beleuchtung galten.

Leuchtstofflampen (Quecksilberdampf-Niederdrucklampen)

Leuchtstofflampen haben in der Aquaristik die meiste Verbreitung gefunden und werden in vielen Nennleistungen, Abmessungen und Lichtfarben angeboten.

Arbeitsprinzip: Die Lampe ist mit Quecksilberdampf gefüllt, wobei der Gasdruck mit etwa 0,005 bis 0,1 bar relativ niedrig ist (daher „Niederdrucklampe"). Zwischen den Rohrenden läuft, unterstützt durch geheizte Elektroden, eine elektrische Entladung ab, die eine kräftige Ultraviolett-Strahlung (UV) erzeugt. Die UV-Strahlung ist unsichtbar und wird auf der Innenwand des Glasrohres durch fluoreszierende Leuchtstoffe in helles, sichtbares Licht umgewandelt. Je nach Art und Mischung der Leuchtstoffe lassen sich Lampen mit verschiedener Lichtfarbe herstellen, zum Beispiel Tageslicht- oder Warmtonlampen (Bild 11-1).

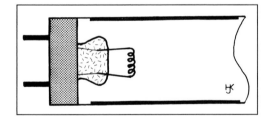

Bild 11-1: Schnitt durch eine Leuchtstofflampe. Die von den Glühkathoden ausgehende elektrische Entladung regt die Quecksilberdämpfe zu einer kräftigen UV-Strahlung an. Diese wird von den Leuchtstoffen auf der Innenseite der Glasröhre in Licht umgewandelt.

Moderne Leuchtstofflampen werden als „Dreibandenlampe" konstruiert. Um weißes Licht zu erhalten, genügt es bekanntlich, nur zwei oder drei geeignete Farben oder schmale Spektralgruppen (Banden) zu mischen. In Dreibandenlampen werden drei Leuchtstoffe mit einem besonders hohen Wirkungsgrad benutzt (blau, rot, grün-gelb). Durch entsprechende Mischung dieser drei Leuchtstoffe lassen sich Lampen aller üblichen Lichtfarben herstellen. Das Farbspektrum der Dreibandenlampen besteht prinzipiell nur aus den drei Farbgruppen Blau, Rot, Grün-Gelb. Dazwischen hat ihr Spektrum breite Lücken, die jedoch dem menschlichen Auge normalerweise nicht auffallen.

Leuchtstofflampen erfordern zum Betrieb Vorschaltgeräte; diese müssen der jeweiligen Lampen-Nennleistung entsprechen. Die einfache Standardschaltung mit Glimmzünder und induktivem Vorschaltgerät, auch Drossel genannt, wird zunehmend ersetzt durch elektronische Vorschaltgeräte. Diese haben erheblich weniger Verluste und liefern eine Betriebsspannung mit relativ hoher Frequenz von 25000-45000 Hertz; das verbessert die Lichtausbeute der Lampen. Elektronische Vorschaltgeräte geben den Lampen folgende Vorteile:

– Schnellstart ohne Flackern,
– absolut flimmerfreier Betrieb,
– 25-30 % Stromersparnis.

Leuchtstofflampen sind konstruiert für den Betrieb in frei belüfteten Leuchten, also für eine Umgebungstemperatur von etwa 20 °C. Bei abweichender Temperatur sinkt ihre Lichtausbeute. Tabelle 11-C zeigt das typische Verhalten einer 36-Watt-Leuchtstofflampe.

Viele Leuchtenhersteller vernachlässigen die notwendige Kühlung der Lampen. Aquarienleuchten, die so warm sind, daß man sie mit der bloßen Hand gerade noch anfassen kann, sind ungefähr 50 °C heiß; das bedeutet, die Lichtausbeute der Lampen darin ist auf etwa 85 % gesunken. Nachträgliche Verbesserungen sind kaum möglich, insbesondere nicht bei lose aufliegenden Aquarienleuchten, die aus Sicherheitsgründen (Seite 78) wasserdicht sein müssen.

Leuchtstofflampen haben eine wirtschaftliche Nutzbrenndauer von ungefähr 7500 Stunden. Danach ist ihr Lichtstrom auf etwa 80 % gesunken; sie sollten dann ausgewechselt werden (Bild 11-2). Bei täglich 12 Stunden Brennzeit wäre also nach 1 3/4 Jahren ein Lampenwechsel sinnvoll.

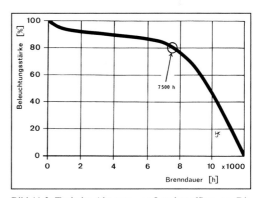

Bild 11-2: Typische Alterung von Leuchtstofflampen: Die Beleuchtungsstärke sinkt auf ungefähr 80 % nach 7500 Brennstunden; bei täglich 12 Stunden Brennzeit also nach 1 3/4 Jahren.

Bei anderen täglichen Brennzeiten läßt sich die Gesamtbetriebszeit der Lampen ablesen aus der Tabelle 11-D (Seite 70).

Tabelle 11-C: Lichtausbeute einer Leuchtstofflampe je nach Umgebungstemperatur	
Umgebungs-temperatur	Licht-ausbeute
0 °C	35 %
10 °C	80 %
20 °C	**100 %**
30 °C	95 %
40 °C	90 %
50 °C	85 %
60 °C	75 %
70 °C	70 %

Tabelle 11-D: Betriebszeit von Leuchtstofflampen		
bei täglich Stunden	sind 7500 h erreicht nach Jahren	Monaten
10	2 und	1
11	1 und	11
12	1 und	9
13	1 und	7
14	1 und	6
15	1 und	5
16	1 und	4
17	1 und	3
18	1 und	2

Manchmal werden importierte Leuchtstofflampen angeboten mit z.B. „garantiert" 25000 Brennstunden. Das ist äußerst skeptisch zu bewerten. Alle Leuchtstofflampen erreichen im Dauerbetrieb sehr lange Brennzeiten; ihr Licht wird immer trüber, und müde flackernd erlöschen sie schließlich. Aber unsere Normen kennen bei der Lebensdauerprüfung keinen jahrelangen Dauerbetrieb, sondern einen dreistündigen Ein/Aus-Schaltrhythmus, also 8 Schaltungen täglich. Und jedes Schalten verkürzt drastisch die Lebensdauer! Weiterhin gilt das Lebensende als erreicht, wenn die Lampe nur noch so wenig Licht abgibt, daß ihre Lichtausbeute unwirtschaftlich geworden ist. Wenn man derartige Importlampen nach unseren Normen prüft und beurteilt, so erreichen sie meist auch nur die allgemein üblichen Brennstunden.

Die Abnahme der Beleuchtungsstärke im Vergleich zu einer neuen Lampe kann man mit dem auf Seite 63 beschriebenen „Lux"-Meter verfolgen. Beim Messen müssen beide Lampen dieselbe Lichtfarbe (sehr wichtig!) besitzen und betriebswarm sein.

Beim Lampenwechsel notiert man sich das Datum an einer unauffälligen Stelle in der Leuchte; die Lampe selbst ist dafür nicht geeignet, weil dort die Schrift durch Licht und Wärme bald ausbleicht.

Befinden sich in der Leuchte mehrere Lampen, so sollen sie nicht alle gleichzeitig ausgewechselt werden; die sprunghafte Erhöhung der Beleuchtungsstärke könnte bei empfindlichen Aquarienpflanzen zu einem „Lichtschock" führen und sie zusammenbrechen lassen. Enthält die Leuchte z.B. drei Lampen, so versucht man einen Wechselrhythmus zu finden, bei dem alle 2500 Brennstunden jeweils 1 Lampe ausgetauscht wird. – Wenn nur eine einzige Lampe vorhanden ist, so wechselt man sie am besten im Spätsommer, so wird der Lichtzuwachs etwas ausgeglichen durch das abnehmende Tageslicht.

Leuchtstofflampen sind je nach ihrer Nennleistung verschieden lang. Die Lampen sollten stets über die gesamte Länge des Aquariums reichen und dementsprechend ausgewählt werden. Die Tabelle 11-E zeigt die Längen aquaristisch gebräuchlicher Leuchtstofflampen einschließlich ihrer Anschlußstifte; für den Einbau in die Aquarienleuchte müssen noch mindestens 5 cm für die Fassungen hinzugerechnet werden.

Tabelle 11-E: Aquariumlängen und geeignete Leuchtstofflampentypen		
Länge des Aquariums	Lampentyp Länge	Leistung
55 cm	45,2 cm	15 W
60 cm	53,1 cm	13 W *
70 cm	60,4 cm	18 W *
80 cm	73,4 cm	16 W
100 cm	90,9 cm	30 W
130 cm	121,4 cm	36 W *
160 cm	151,4 cm	58 W *
* größte Auswahl an Lichtfarben		

Tabelle 11-F: Lichtfarben von Leuchtstofflampen

Lichtfarbe	Eignung für das Süßwasser-Aquarium	Farben-Code			Farbwie-dergabe DIN 5035
		Osram	Philips	Sylvania	
Standardlampen					
Hellweiß Weiß	hoher Blauanteil, nur in Kombination mit Warmton!	/20	/33	/133	2B
Universalweiß	Kombination mit Warmton empfohlen	/25	/25	/125	2B
Warmton	pflanzenfreundlich, Farbwiedergabe unbefriedigend	/30	/29	/129	3
Lampen mit besonders hoher Lichtausbeute (Dreibandenlampen)					
Tageslicht	sehr hoher Blauanteil, nur in Kombination mit Warmton!	/11	/86	/186	1B
Weiß	Kombination mit Warmton empfohlen	/21	/84	/184	1B
Warmton	augen- u. pflanzenfreundlich, wirtschaftlich, bewährt bei Farmen für Aquarienpflanzen	/31	/83	/183	1B
Warmton-Extra Interna	glühlampenähnliches warmes Licht mit hohem Rotanteil, augen- u. pflanzenfreundlich	/41	/82	/182	1B
Lampen mit lückenarmem Farbspektrum (besonders gute Farbwiedergabe)					
Tageslicht	sehr hoher Blauanteil, nur in Kombination mit Warmton!	/12	/95	-	1A
Weiß	Kombination mit Warmton empfohlen	/22	/94	/194	1A
Warmton	angenehm warmes Licht, sehr augen- u. pflanzenfreundlich	/32	/93	/193	1A
Warmton-Extra	glühlampenähnliches warmes Licht, pflanzenfreundlich	-	/92	-	1A
Sonderlampen					
Aquarelle Aquastar	kaltes blaustichiges Licht, der photosynthetisch besonders wirksame Rotanteil ist gering	- -	/89 -	- /174	2A 3
Fluora Gro-Lux	extrem rot- und blaustichig, Licht wirkt sehr unnatürlich, nicht bewährt bei Pflanzen	77 -	- -	- /GRO	- -
Triton Aqua-Glo Power-Glo	rot- und blaustichig, Licht wirkt fremdartig, unnatürliche Farbwiedergabe	Anbieter: Thorn EMI Anbieter: Weltweit Anbieter: Weltweit			- - -
Natura Shoplight Natural-S	rotstichig, bedingt bewährt bei Aquarienpflanzen, (für Fleischwarengeschäfte empf.)	/76 - -	- /76 -	- - /175	- - 1B
Trocal 3085	augen- u. pflanzenfreundlich, Warmton, speziell entwickelt für das Pflanzenaquarium	Anbieter: Dennerle-Pflanzenfarm			1B

Die Lichtfarben der Leuchtstofflampen werden leider nicht einheitlich bezeichnet. Die Tabelle 11-F auf Seite 71 gibt eine Übersicht und Vergleichsmöglichkeit. Die Spektren von Lampen, die zwar in derselben Zeile gemeinsam beschrieben werden, aber von verschiedenen Herstellern stammen, sind nicht unbedingt deckungsgleich.

Bei der Beurteilung aller Lampen hinsichtlich ihrer aquaristischen Eignung sei nochmals darauf hingewiesen, daß sie auf rein persönlichen Ansichten und Erfahrungen des Autors beruhen, siehe auch Seite 4.

Alle Beurteilungen gelten ausschließlich für das Süßwasseraquarium, wobei die Ansprüche der Aquarienpflanzen besonders berücksichtigt worden sind. Für Meerwasseraquarien gelten andere Kriterien, dort eignen sich vorrangig tageslichtähnliche Lichtfarben mit genügend hohem Blauanteil.

Nähere Angaben über die Bedeutung der „Farbwiedergabe nach DIN 5035" sind auf der Seite 66 zu finden.

Besonders im Ausland sind englische Bezeichnungen der Lichtfarben gebräuchlich. Ihre Bedeutung kann aus Tabelle 11-G entnommen werden.

Tabelle 11-G: Englische Abkürzungen der Lichtfarben und ihre Bedeutung

D	= daylight	(Tageslicht)
ND	= neutral daylight	(Tageslicht, rötlich)
WD	= warm daylight	(Tagesl., rotbetont)
CW	= cool white	(Weiß, blaubetont)
UW	= universal white	(Universalweiß)
NW	= neutral white	(Universalweiß)
WW	= warm white	(Weiß, rotbetont)

ein zusätzliches „X" bedeutet „de Luxe"

Quecksilberdampf-Hochdrucklampen

Quecksilberdampf-Hochdrucklampen sind wesentlich kompakter gebaut als Leuchtstofflampen. Viele dieser Lampen sehen ähnlich aus wie normale Glühlampen und haben sogar den gleichen Schraubsockel, dürfen aber nicht unmittelbar anstelle von Glühlampen in die Brennstelle eingeschraubt werden.

Arbeitsprinzip: In einem Brenner aus Quarzglas läuft eine elektrische Entladung ab unter hohem Gasdruck von etwa 10 bar (daher „Hochdrucklampe"!). Der etwa fingergroße Brenner ist u.a. aus Sicherheitsgründen (Splitterschutz) eingeschmolzen in einen größeren Außenkolben. Sollte dieser beschädigt sein, darf die Lampe auf gar keinen Fall mehr betrieben werden!

Auch Hochdrucklampen benötigen zum Betrieb ein passendes Vorschaltgerät. Nach dem Einschalten vergehen etwa 3 Minuten, bis sich die Hochdrucklampe genügend erwärmt hat und im Brenner der erforderliche hohe Betriebsdruck aufgebaut ist. Erst dann gibt die Hochdrucklampe ihren vollen Lichtstrom ab. Nach dem Ausschalten ist die Lampe nicht sofort wieder brennfähig. Sie muß abkühlen und kann erst dann wieder zünden, wenn der Gasdruck im Brenner genügend gesunken ist (gilt nicht für Spezial-Zündgeräte).

Hochdrucklampen haben im Vergleich zu Leuchtstofflampen einen sehr kleinen Leuchtkörper. Sie eignen sich deshalb besonders zum Einbau in scheinwerferartige Leuchten, die auch in Aquarien mit hohem Wasserstand genügend Licht für die Bodenpflanzen erzeugen und reizvolle Licht-Schatten-Effekte hervorrufen können.

Es gibt mehrere Arten von Quecksilberdampf-Hochdrucklampen, ihre Eigenschaften werden im folgenden näher beschrieben.

HQL-Lampen (auch HPL-, HSL- usw.)

Die HQL-Lampen, je nach Hersteller sind auch Bezeichnungen wie HPL-, HSL-Lampe usw. möglich, sind „Quecksilberdampf-Hochdrucklampen mit Leuchtstoff". Der Quarzglas-Brenner dieser Lampen erzeugt eine unsichtbare UV-Strahlung; diese trifft auf der Innenseite des äußeren Lampenkolbens auf eine Leuchtstoffschicht und wird dort in sichtbares Licht umgewandelt. Bild 11-3 zeigt eine aufgeschnittene HQL-Lampe.

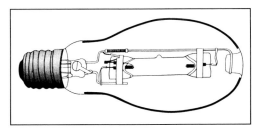

Bild 11-3: Schnittbild einer HQL-Lampe. Der walzenförmige Hochdruckbrenner in Bildmitte erzeugt eine UV-Strahlung. Diese wird von den Leuchtstoffen auf der Innenseite des großen Außenkolbens in Licht umgewandelt.

Die wirtschaftliche Lebensdauer von HQL-Lampen beträgt etwa 10000 Brennstunden. Danach haben sie an Helligkeit eingebüßt und beginnen häufig zu flackern. Beim Abschätzen der Betriebszeit hilft Tabelle 11-H.

Tabelle 11-H: Betriebszeit von HQL-Lampen (HPL-, HSL- usw.)

bei täglich Stunden	sind 10000 h erreicht nach	
	Jahren	Monaten
10	2	und 9
11	2	und 6
12	2	und 4
13	2	und 2
14	2	und 0
15	1	und 10
16	1	und 9
17	1	und 8
18	1	und 7

Die Auswahl an Lichtfarben ist bei HQL-Lampen äußerst gering und kaum differenziert. Die Lichtfarben Warmweiß und Warmton besitzen etwas höhere Orangeanteile und haben sich trotz erheblicher Lücken im Farbspektrum auch bei Pflanzenaquarien bewährt. Die Tabelle 11-I gibt eine Übersicht und Vergleichsmöglichkeit.

Auch hier gilt, daß die Spektren von Lampen in derselben Zeile, die aber von verschiedenen Herstellern stammen, nicht unbedingt deckungsgleich sind.

Tabelle 11-I: Lichtfarben von HQL-, HPL- und HSL-Lampen

Lichtfarbe	Eignung für das Süßwasser-Aquarium	Farben-Code			Farbwiedergabe DIN 5035
		Osram	Philips	Sylvania	
Neutralweiß	weniger geeignet	HQL	HPL-N	HSL-BW	3
Warmweiß	pflanzenfreundlich	HQL de Luxe	HPL-Comfort	–	3
		–	–	HSL-Comfort	2B
Warmton	höherer Rotanteil	HQL Super de Luxe	–	–	2B

73

HWL-Lampen (auch HSB-, ML- usw.)

Die HWL-Lampen, je nach Hersteller sind auch Bezeichnungen wie HSB-, ML-Lampe usw. möglich, sind „Mischlichtlampen mit Leuchtstoff". Dieser Lampentyp arbeitet grundsätzlich wie der eben erwähnte HQL-Typ, benötigt aber als einzige Gasentladungslampe kein Vorschaltgerät. Diese Aufgabe übernimmt eine in den Außenkolben eingebaute Glühlampe. Dadurch liefert die Mischlichtlampe ein aus Leuchtstoff- und Glühlampenlicht gemischtes Licht (Name!). Mischlichtlampen haben durchweg Schraubsockel und können ohne weitere Maßnahmen anstelle normaler Glühlampen eingeschraubt werden, wobei aber die meist wesentlich höhere Anschlußleistung und entsprechend höhere Wärmeentwicklung der HWL-Lampen berücksichtigt werden muß. Das Farbspektrum ist etwas ausgeglichener, erreicht jedoch nicht immer die aquaristisch gewünschte Qualität.

Weil HWL-Lampen kein Vorschaltgerät benötigen, können Aquarienleuchten mit HWL-Lampen zu ungewöhnlich niedrigen Preisen angeboten werden. Vom Kauf ist jedoch abzuraten, weil die Lichtausbeute der Mischlichtlampen ähnlich schlecht ist wie die von Glühlampen, siehe Tabelle 10-D auf Seite 65.

HQI-Lampen (auch HPI-, HSI-, MH- usw.)

Die HQI-Lampen, je nach Hersteller sind auch Bezeichnungen wie HPI-, HSI-Lampe usw. möglich, sind „Quecksilberdampf-Hochdrucklampen mit Halogen-Metalldampf". Sie werden auch kurz als Halogen-Metalldampflampen oder ähnlich bezeichnet. Der Hochdruckbrenner enthält außer Quecksilberdampf zusätzlich Halogen-Metalldämpfe und liefert deshalb überwiegend sichtbares Licht. Durch entsprechende Gasmischungen werden verschiedene Lichtfarben erzielt. Der Außenkolben trägt, im Gegensatz zu den HQL-Lampen, keine Leuchtstoffschicht.

Einige Lampentypen geben eine kräftige UV-Strahlung nach außen ab, sie dürfen deshalb niemals freibrennend betrieben werden, und die zugehörigen Leuchten müssen unbedingt ein UV-absorbierendes Abschlußglas haben!

Nachteilig sind der hohe Preis und die relativ kurze Lebensdauer der Halogen-Metalldampflampen. Etwa 6000 Brennstunden sind eine gute Leistung. Doch wird sie häufig nicht erreicht, weil dieser Lampentyp auf geringe Schwankungen der Netzspannung meist sehr empfindlich reagiert mit verkürzter Lebensdauer. Deshalb kehren nicht wenige Aquarianer wieder zu den altbewährten Leuchtstofflampen zurück. Beim Abschätzen der Betriebszeit hilft Tabelle 11-K.

Tabelle 11-K: Betriebszeit von HQI-Lampen (HPI-, MH-, HSI- usw.)		
bei täglich Stunden	sind 6000 h erreicht nach	
	Jahren	Monaten
10	1	und 8
11	1	und 6
12	1	und 5
13	1	und 3
14	1	und 2
15	1	und 1
16	1	und 0
17	1	und 0
18	0	und 11

Bei HQI-Lampen ist die Auswahl an Lichtfarben recht gering (Tabelle 11-L). Für das Süßwasser-Aquarium kommt nur Warmton in Betracht.

Zur Beleuchtung von Aquarienpflanzen können HQI-Lampen allerdings nicht unbedingt empfohlen werden, weil überwiegend von schlechten Erfahrungen berichtet wird; die Ursachen sind noch nicht sicher geklärt.

Halogen-Metalldampflampen werden in sehr unterschiedlichen Bauformen gefertigt. Nicht jede Lichtfarbe ist in jeder Bauform verfügbar. Dadurch ist ein späterer Wechsel der Lichtfarbe unter Umständen nicht möglich.

Tabelle 11-L: Lichtfarben von HQI-, HPI-, MH-, HSI-Lampen

Lichtfarbe	Eignung für das Süßwasser-Aquarium	Farben-Code			Farbwiedergabe DIN 5035
		Osram	Philips	Sylvania	
Tageslicht	nicht geeignet, blaustichig	/D	–	/D	1A-1B
Universalweiß	kaum geeignet, für Pflanzen viel zu geringer Rotanteil	/NDL	MHN- HPI-	/NDL	1B 2B
Warmton	geeignet, aber nicht immer günstig für Aquarienpflanzen	/WDL	MHW-	/WDL	1B-2A

Leuchtstofflampe oder Hochdrucklampe?

Um die Wahl zu erleichtern, sind hier die wichtigsten Eigenschaften der Leuchtstoff- und Hochdrucklampen zusammengestellt. Mischlichtlampen sind nicht mit aufgeführt, weil sie eine ähnlich schlechte Lichtausbeute haben wie Glühlampen.

Leuchtstofflampen geben ihr Licht von einer großen Oberfläche ab, sie haben also einen großen Lichtkörper. Deshalb liefern sie ein weiches, blendungsarmes Licht. Das Aquarium wird nahezu gleichmäßig und schattenarm ausgeleuchtet. Die Auswahl an Lichtfarben und Lampenleistungen ist bei Leuchtstofflampen am größten. Ihr Wirkungsgrad und ihre Ersatzkosten sind günstig, so daß ein sehr wirtschaftlicher Betrieb möglich ist.

Hochdrucklampen haben einen relativ kleinen Lichtkörper und neigen deshalb zum Blenden. Die kompakte Bauform der Hochdrucklampen erlaubt den Einbau in relativ kleine Leuchten mit scharf bündelnden Reflektoren. Dadurch wird das Aquarium scheinwerferähnlich beleuchtet, und es können reizvolle Licht/Schatten-Effekte entstehen. Manche Lampentypen sind unerwartet teuer, deshalb erkundige man sich vor dem Kauf einer Leuchte auch nach den Preisen der Ersatzlampen.

Die Bezeichnung „Hochdruck" erweckt leicht den Eindruck, daß der Wirkungsgrad dieser Lampen besonders hoch sei. Zu Unrecht! Die meisten Niederdrucklampen, also die Leuchtstofflampen, haben eine höhere Lichtausbeute.

In der Tabelle 11-M sind die wichtigsten technischen Daten in Kurzform zusammengestellt.

Tabelle 11-M: Die wichtigsten Daten von Quecksilberdampf-Hochdrucklampen und Leuchtstofflampen (Hg-Niederdrucklampen)

	Hochdruck		Niederdruck
	mit Leuchtstoff z.B. HQL, HPL, HSL	mit Halogen-Metalldampf z.B. HQI, HPI, HSI	(Leuchtstofflampen)
Nennleistung (Watt)	50-1000	40-3500	4-140
Nutzbrenndauer etwa (Std.)	10000	6000	7500
Lichtausbeute (Lumen pro Watt)[1]	40-65	55-85	65-95
Erhältliche Lichtfarben	3	3	über 10
Leuchtdichte (Candela pro cm^2)[2]	4-10	1500-8000	0,8-1,5
Wiederzündung	nach Abkühlen	nach Abkühlen	sofort
Voller Lichtstrom	nach 5 Min.	nach 2-4 Min.	sofort
Farbwiedergabe nach DIN 5035	2B-3	1A-2B	1A-2B (3)
Aquaristische Eignung[3]	gut	eingeschränkt	gut

[1] Die Angaben berücksichtigen nicht die Verluste im Vorschaltgerät.

[2] geringe Leuchtdichten bedeuten blendungsarmes Licht. – HQI-Lampen mit einer Beschichtung des Außenkolbens haben ähnlich niedrige Leuchtdichten wie HQL-Lampen.

[3] Für ausführliche Angaben siehe Tabellen 11-F, 11-I und 11-L.

Wohin mit verbrauchten Lampen?

Verbrauchte Glühlampen können problemlos in den allgemeinen Hausmüll gegeben werden; sie enthalten keine gefährlichen Stoffe. Das gilt auch für Halogenglühlampen.

Leuchtstofflampen, also Quecksilberdampf-Niederdrucklampen, enthalten etwa 15-50 mg Quecksilber sowie einige Gramm Leuchtstoffe (vorwiegend Halophosphate). Die Leuchtstoffe sind nahezu wasserunlöslich und daher relativ harmlos. Anders dagegen das Quecksilber; beim Zerstören der Glashülle entweicht der Quecksilberdampf in die Luft, und Quecksilberdämpfe wirken stark giftig. Deshalb verbrauchte Leuchtstofflampen niemals zerschlagen, son-

dern in die Verpackungshülle von der neuen Austauschlampe schieben und dem Sondermüll zuführen.

Quecksilberdampf-Hochdrucklampen, also beispielsweise HQL- und HQI-Lampen, haben zwar ein kleineres Volumen, aber weil sie mit höherem Gasdruck arbeiten, können sie sogar noch höhere Quecksilbermengen enthalten. Abhängig von der Lampenleistung sind es etwa 15-90 mg Quecksilber. Deshalb auch die verbrauchten Hochdrucklampen nicht zerschlagen, sondern in der Verpackungshülle der neuen Austauschlampe (zugleich Splitterschutz) dem Sondermüll zuführen.

Adressen zur Abgabe von Sondermüll teilt die Gemeinde- oder Stadtverwaltung mit.

Helligkeitssteuerung (Dimmen)

Oft besteht der Wunsch, die Helligkeit der Aquarienleuchte stufenlos reduzieren zu können, also zu dimmen. Derartige künstliche Morgen- bzw. Abenddämmerungen können nützlich sein, um bei sehr empfindlichen Fischen Schreckreaktionen zu vermeiden, wie sie beim abrupten Ein- oder Ausschalten der Beleuchtung passieren können. Je nach Lampentyp müssen zum Dimmen verschiedene Verfahren benutzt werden.

Glühlampen für direkten Netzanschluß lassen sich mit einem normalen elektronischen Dimmer beliebig abdunkeln. Für Niedervolt-Lampen sind spezielle Dimmer erforderlich, denn der Transformator wird von den Stromimpulsen, die übliche Dimmer erzeugen, nach sehr kurzer Zeit zerstört.

Leuchtstofflampen können nicht durch Dimmer abgedunkelt werden. Es sind besondere Vorschaltgeräte erforderlich, die die Elektroden auch bei reduzierter Lampenleistung gleichmäßig weiterheizen.

Die Helligkeit von Quecksilberdampf-Hochdrucklampen läßt sich nicht steuern, denn der zum Betrieb erforderliche hohe Gasdruck im Brenner wird nur unter elektrischer Vollast erreicht. Die vorgeschriebene Betriebsspannung muß also stets eingehalten werden. Das gilt besonders für HQI-Lampen; sie reagieren bereits auf sehr geringe Spannungsschwankungen mit drastischer Verkürzung der Lebensdauer.

Ein Lösungsweg besteht darin, daß man zusätzlich noch einige Glühlampen installiert; diese werden vorübergehend anstelle der Hochdrucklampen eingeschaltet und können mit Dimmerhilfe eine allmähliche Dämmerung imitieren. Geschickte Elektroniker können den Vorgang automatisieren.

Aquarienleuchten

Nur selten besteht die Möglichkeit, das Aquarium und eine geeignete Leuchte dazu getrennt auszuwählen, denn Aquarien werden meist als komplette Einheit mit Leuchte angeboten. Am meisten verbreitet sind kastenähnliche Leuchten, die gleichzeitig als Aquarienabdeckung dienen.

Bei der Konstruktion von Leuchten hat der Designer meist das gewichtigere Wort, und die Aquarientechnik kommt oft zu kurz. Viele Mängel merkt man erst nach dem Kauf, wenn ein Umtausch nicht mehr möglich ist.

Die folgenden Hinweise sollen helfen, spätere Enttäuschungen zu vermeiden.

Hinweise für den Kauf

An erster Stelle muß unbedingt die Sicherheit stehen. Wasser und Strom sind eine gefährliche Mischung! Alle Aquarienleuchten müssen vom Hersteller bzw. Anbieter ausdrücklich als „Aquarienleuchte" bezeichnet sein. Es ist zum Beispiel nicht zulässig, Terrarienleuchten, weil billiger, als Aquarienleuchten zu verwenden; sie sind nicht wasserdicht, und wenn sie in das Aquarium fallen, bilden sie eine ernste Lebensgefahr!

Außerdem müssen alle Aquarienleuchten den einschlägigen Sicherheitsbestimmungen genügen. Die wichtigsten sind auf Seite 78 – 79 zusammengestellt.

Leuchten, die sicherheitstechnisch bauartgeprüft sind, tragen ein VDE-, TÜV-, GS- oder CE-Zeichen (siehe Tabelle 2-A auf Seite 12). Unbedingt beim Kauf darauf achten!

Die notwendige Anzahl der Leuchtstofflampen in der Leuchte läßt sich abschätzen nach Tabelle 9-D auf Seite 56. Der tatsächliche Lichtbedarf eines Aquariums ist jedoch nicht sicher voraussehbar. Nach Möglichkeit sollte die Leuchte lieber eine Lampe mehr enthalten. Es ist einfacher, später eine Lampe zu entfernen, als eine nachzurüsten. Das setzt aber voraus, daß jede Lampe ein eigenes Vorschaltgerät besitzt; bei der (kostengünstigeren) Duo- oder Tandemschaltung können einzelne Lampen nicht herausgenommen werden.

Die Leuchtstofflampen sollen so lang sein, daß sie über die gesamte Länge des Aquariums reichen. Siehe auch Tabelle 11-E auf Seite 70.

Die Öffnung in der Abdeckleuchte muß so groß sein, daß man mit dem Arm hindurch überall hingelangen kann, ohne die Abdeckung abnehmen zu müssen, und zwar auch in die hinterste Aquarienecke. Es ist sehr lästig, wegen kleinerer Pflegearbeiten jedesmal die gesamte Abdeckung zu entfernen, zumal dann auch das Licht bei der Arbeit fehlt.

Bei rahmenlosen Aquarien sollte die Abdeckung so tief über den Scheibenrand herabreichen, daß der Wasserspiegel verdeckt wird. Sonst wären die unvermeidlichen Kalkränder oder störende Lichtreflexe sichtbar.

Der Wirkungsgrad von Aquarienleuchten hängt wesentlich von der Größe und Güte ihres Reflektors ab. Gute Reflektoren steigern die Leuchtkraft erheblich. Besonders wirksam sind Hochglanzflächen, in denen sich die Lampen spiegeln. Schlechte Reflektor-Oberflächen können verbessert werden durch Bekleben mit glänzender Alufolie (Küchenbedarf).

Heiße Leuchtstofflampen liefern weniger Licht (siehe Seite 69). Vor der Kaufentscheidung die Abdeckleuchte möglichst mehrere Stunden ein-

geschaltet lassen; sie sollte nicht mehr als handwarm werden. Manche Händler kommen einer entsprechenden Bitte gerne nach, weil sie selbst am Ergebnis interessiert sind.

Bei Hängeleuchten soll das Gehäuse der Leuchte so weit nach unten überstehen, daß man beim Betrachten des Aquariums nicht direkt vom grellen Licht der Lampe getroffen und geblendet wird. Blendende Innenteile notfalls mit mattschwarzer Farbe anstreichen!

HQI-Lampen größerer Leistung geben eine kräftige UV-Strahlung ab. Dann muß das Schutzglas der Leuchte UV-absorbierend sein. Sonst besteht die Gefahr von Hautschäden (Sonnenbrand), auch bei Fischen.

Während Leuchtstofflampen preisgünstig sind, sind manche Quecksilberdampf-Hochdrucklampen sehr teuer. Vor allem bei Leuchten mit HQI-Lampen erkundige man sich nach den Preisen für die Ersatzlampe; möglicherweise fällt dann die Entscheidung zugunsten von Leuchtstofflampen aus.

Sicherheitsvorschriften

Sicherheitstechnisch werden nach VDE 0710 Teil 12 drei Aquarienleuchten unterschieden:

1. Abhängige Aquarienleuchten.
Diese sind mit dem Aquarium verbunden, z.B. über Scharniere; sie können nicht vom Aquarium getrennt werden, folglich auch nicht ins Wasser fallen und den Benutzer gefährden. Diese Leuchten müssen mindestens in der Schutzart „spritzwassergeschützt" gebaut sein. Kennzeichnung zum Beispiel IP 54 (siehe Tabelle 2-B auf Seite 13).

2. Unabhängige Aquarienleuchten.
Diese liegen als selbständige Einheit lose auf dem Aquarium. Weil die Gefahr besteht, daß sie beim Hineinfallen das Aquarium unter Strom setzen können, müssen sie in der Schutzart „wasserdicht" gebaut sein. Kennzeichnung z.B. IP 68.

3. Leuchten zur Beleuchtung von Aquarien.
Diese müssen ortsfest, also an der Wand oder Decke befestigt sein. Hierzu gehören die Hängeleuchten für offene Aquarien. Es werden drei Leuchtenarten unterschieden:

a) Leuchten, die dem Aquarium dichter als 20 cm genähert werden können, müssen „wasserdicht" gebaut sein (z.B. IP 68).

b) Für Leuchten, die dem Aquarium auf höchstens 20 cm genähert werden können, genügt „spritzwassergeschützt" (z.B. IP 44).

c) Für Leuchten, die dem Aquarium auf höchstens 50 cm genähert werden können, ist kein Schutz gegen Spritzwasser erforderlich. Hierher gehören die meisten Hängeleuchten.

Warnung: Es ist gefährlich, diese Vorschriften zu übergehen. Wird z.B. eine billigere „50 cm-Hängeleuchte" (ohne Spritzwasserschutz) dichter an das Aquarium gesenkt, so besteht zum Beispiel die Gefahr, daß temperamentvolle Fische Wassertropfen an die heiße Lampe spritzen, die dann u.U. mit einem Splitterregen zerplatzt!

Aquarienleuchten – kurz und bündig

Grundsätzlich:
- Die Leuchte muß für den vorgesehenen Gebrauch am Aquarium entsprechend den Sicherheitsvorschriften geeignet sein und ein VDE-, TÜV-, GS- oder CE-Zeichen tragen.

Abdeckleuchten mit Leuchtstofflampen:
- Das Aquarium soll an allen Stellen gut zugänglich sein, ohne daß die Abdeckung entfernt werden muß (Licht fehlt bei der Arbeit!).
- Die Lampen sollen so lang sein wie das gesamte Aquarium.
- Die Lampen sollen einzeln abschaltbar sein, z.B. durch Herausnehmen. Daher keine Duoschaltung der Vorschaltgeräte!
- Die Lampen dürfen nur handwarm werden (Wirkungsgrad sinkt!).
- Die Abdeckung soll den Rand des Wasserspiegels verdecken.
- Bei der Wahl der Lampenanzahl helfen die Tabellen 9-C und 9-D auf Seite 55 bzw. 56.
- Bei der Wahl der Lichtfarbe hilft Tabelle 11-F auf Seite 71.

Hängeleuchten mit Hochdrucklampen:
- Bei Leuchten mit HQI-Lampen vor dem Kauf nach dem Preis für Ersatzlampen fragen.
- Das Gehäuse muß so geformt sein, daß auch bei sitzender Betrachtung des Aquariums jede Blendung ausgeschlossen ist.
- Bei der Wahl der Lampenleistung bzw. -anzahl hilft die Tabelle 9-E auf Seite 56.
- Bei der Wahl der Lichtfarbe helfen Tabelle 11-I bzw. 11-L auf Seite 73 bzw. 75.

12. Heizung

In der Pionierzeit der Aquaristik war das Heizen schwierig und nicht ungefährlich. Unter dem Aquarium wurden Blechschubladen mit ausgeschwelter, glühender Braunkohle (Grude) gefüllt; mitunter wurden Petroleumlampen in bleibeschwerten Blechgehäusen direkt in das Aquarium gestellt. – Heute lassen sich mit einer elektrischen Heizung leicht und wartungsfrei die notwendigen tropischen Wassertemperaturen erzeugen.

Wärmebedarf der Fische und Pflanzen

Jeder Organismus gedeiht am besten bei seiner optimalen Temperatur, die artenabhängig verschieden hoch sein kann; das gilt für Tiere wie auch für Pflanzen. Warmblütige Tiere, also Säugetiere und Vögel, können ihren Körper unabhängig von der Außentemperatur auf ihr arttypisches Optimum einregulieren, so zum Beispiel der Mensch auf 37 °C. Dagegen gehören Fische und Pflanzen zu den wechselwarmen Lebewesen; diese besitzen keinen Wärme-Regelmechanismus, und ihre Körpertemperatur ist genau so hoch wie die Umgebungstemperatur.

Die Körpertemperatur beeinflußt die Geschwindigkeit des Stoffwechsels. Das hat vielfältige Folgen. Ein Fisch wird bei sinkender Temperatur träger, hört auf zu fressen, verliert seine Farben und geht schließlich ein. Steigt dagegen die Temperatur, wird er lebhafter, oft auch farbenprächtiger, und sein Futterbedarf wächst. Zum Beispiel benötigt ein Segelflosser (Pterophyllum scalare) bei 28 °C doppelt so viel Futter wie bei 23 °C. Hohe Temperaturen verkürzen die Lebenserwartung der Fische. Im Extremfall wird durch Übertemperatur der Stoffwechsel so stark beschleunigt, daß die Körperfunktionen zusammenbrechen und der Tod eintritt.

Auch Aquarienpflanzen reagieren auf Wärme. Steigt die Temperatur von 23 °C auf 28 °C, so brauchen sie nicht nur mehr Nährstoffe, sondern auch etwa die doppelte Beleuchtungsstärke.

Erfreulicherweise tolerieren viele Fische und Pflanzen recht breite Temperaturbereiche. Deshalb lassen sich etliche Arten gemeinsam pflegen, die nicht aus demselben Klimabereich stammen. Größere Differenzen können allerdings nicht überwunden werden. Beispielsweise gelingt es schon wegen unterschiedlicher Wärmeansprüche nicht, Diskusfische (Amazonien) gemeinsam mit Stichlingen (Europa) zu pflegen, oder die Pflanzen Barclaya longifolia (tropisches Asien) gemeinsam mit Aponogeton jacobsenii (Hochland von Sri Lanka, Jahresmittel nur etwa 15 °C) zu kultivieren.

Am einfachsten ist es, wenn das Aquarium in einem geheizten Raum steht und nur Pfleglinge mit einem Wärmebedarf um 20-24 °C ausgewählt werden; dann kann auf eine Aquarienheizung gänzlich verzichtet werden, zumal die Aquarienbeleuchtung meist mit zur Heizung beiträgt.

Temperatur-Rhythmus

Manche besorgte Fischzüchter fordern eine Nachtabsenkung der Temperatur. Das ist unrealistisch, denn Wasser ist ein hervorragender Wärmespeicher.

Ein 120-l-Aquarium braucht 15 Stunden, bis es einem Temperatursprung zu 90 % gefolgt ist. Beispiel: Das Aquarium ist 25,0 °C warm und der Raum nur 20,0 °C, dann vergehen nach dem Abschalten der Heizung 15 Stunden, bis das

Aquarienwasser auf 20,5 °C abgekühlt ist. – Ein größeres Aquarium mit 500 l Wasser braucht dafür sogar 70 Stunden und erreicht seinen Endwert erst nach etwa 100 Stunden!

Daraus folgt, daß im Aquarium eine Nachtabsenkung kaum wirklich realisierbar wäre. Im übrigen bewirkt schon die Wärmestrahlung der Aquarienbeleuchtung, und zwar auch bei Leuchtstofflampen, daß die Wassertemperatur im Tagesrhythmus um etwa 0,5 °C schwankt (Bild 12-1).

Bild 12-1: Wasser ist wärmeträge! Nach dem Einschalten einer Zusatzheizung braucht ein 500-l-Aquarium 4 Tage, ehe es sein neues Temperaturniveau erreicht hat. Der Tagesrhythmus wird von der Wärmestrahlung der Leuchte (hier Leuchtstofflampen) hervorgerufen.

Auch natürliche Wasserbiotope haben Tag und Nacht praktisch die gleiche Temperatur. Wenn im Tagesrhythmus die Lufttemperatur um 10 °C schwankt, so ist bei einem Teich in 10 cm Wassertiefe nur eine Differenz von 2 °C meßbar und in 30 cm Tiefe überhaupt keine mehr. Erst wenn durch einen Wetterumschlag die Lufttemperatur sich längerfristig ändert, beginnt auch die Wassertemperatur schleppend zu folgen.

Dagegen kann eine jahreszeitliche Steuerung der Wassertemperatur sinnvoll sein, um etwa die Ruhepausen einiger Aquarienpflanzen (z.B. Aponogeton-Arten) zu berücksichtigen oder die Laichbereitschaft mancher Fische anzuregen. Leider liegen dazu bisher kaum Erfahrungsberichte vor. Die meisten Aquarienpflanzen und -fische lassen sich jahrelang auch bei gleichbleibenden Temperaturen gut pflegen und vermehren.

Heizersysteme

Es gibt sehr viele Möglichkeiten, um das Aquarienwasser zu erwärmen. Es muß auch nicht unbedingt das Aquarium selbst geheizt werden. Beispielsweise haben einige Aquarienfilter bereits ein eingebautes Heizsystem. Vorteilhafter aber ist es, wenn Filter und Heizsystem unabhängig voneinander ausgewählt werden können. So lassen sich Leistung und Bauart optimieren. Bei den Heizsystemen sind gebräuchlich Flächen-, Kabel- und Stabheizer.

Heizmatten

Heizmatten werden unter das Aquarium gelegt. Damit nur wenig Wärme verlorengeht und Unebenheiten ausgeglichen werden, muß ganz zuunterst eine Styroporplatte in Aquariengröße gelegt werden. Styroporplatten (Zoohandel, Baumarkt) lassen sich mit einer sehr scharfen, schräg angesetzten Rasierklinge sauber zurechtschneiden, oder man benutzt spezielle Messer mit auswechselbarer Klinge vom Baumarkt.

Heizmatten haben den Vorteil, daß kein elektrischer Strom durch das Aquarienwasser geführt wird. Trotzdem kann ein in das Wasser getauchter Spannungsprüfer warnend aufleuchten! Die Ursache sind kaum meßbare Ströme, die kapazitiv übertragen werden durch den „Kondensator" Heizmatte–Glasboden–Wasser. Ein absolut harmloser Effekt!

Der Wirkunggrad ist bei Heizmatten etwas geringer als beispielsweise bei Stabheizern, die sich unmittelbar im Wasser befinden, denn die Wärme muß über die wärmeisolierende Glasscheibe und den Bodengrund übertragen werden. Bild 12-2 zeigt die Meßergebnisse an einem Aquarium, das nur halbseitig einen Bodengrund enthielt. Es zeigte sich, daß der Bodengrund die Wärme etwa genau so schlecht überträgt wie die 8 mm dicke Glasscheibe, denn über beiden besteht eine Differenz von je 6 °C.

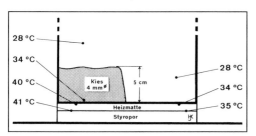

Bild 12-2: Temperaturverteilung an einem Aquarium mit Heizmatte (Nennleistung 3,5 W/dm²). Die Glasscheibe wie auch der Bodengrund wirken wärmeisolierend; beide bewirken eine Temperaturdifferenz von je 6 °C.

Bodenwärme kann den Pflanzenwuchs fördern, jedoch haben sich Heizmatten weniger bewährt; Heizkabel sind meist wirksamer, vermutlich deshalb, weil sie noch genügend sauerstoffarme Zonen im Boden belassen (siehe Seite 33 ff.).

Bei Heizmatten mit Kohleschichtwiderständen passierte es wiederholt, daß die Styroporunterlage schmolz oder die Bodenscheibe platzte. Warum? Kohlewiderstände verkleinern ihren Widerstand mit wachsender Temperatur. Für die Praxis bedeutet das: Wird z.B. ein 40-Watt-Kohleschichtheizer nur etwas zu warm, so wird daraus ein 80-Watt-Heizer, und seine Temperatur steigt dann rasch weiter bis zur Überhitzung!

Drahtwiderstände – das übliche Material für Aquarienheizer – verhalten sich umgekehrt: Bei höherer Arbeitstemperatur sinkt ihre Leistungsaufnahme, sie sind also selbststabilisierend.

Heizkabel

Heizkabel sind je nach Leistung etwa 1,5 bis 10 m lang, wobei das kalt bleibende Anschlußkabel nicht mitgerechnet ist. Aquarienheizkabel mit höherer Leistung, also mit kleinerem Widerstand, müssen – im Gegensatz zur gewohnten Denkweise des Elektrikers – nicht etwa kürzer, sondern länger sein, denn sie sind für größere Aquarien bestimmt!

Am besten wird das Heizkabel vor dem Einrichten des Aquariums auf der Bodenscheibe im Zick-Zack ausgelegt und nötigenfalls mit Plastiksaugern befestigt; anschließend wird darauf der Bodengrund aufgeschichtet. Zwar läßt sich auch nachträglich noch ein Heizkabel mit den Fingerspitzen tief in den Bodengrund hineindrücken, wobei allerdings das Wasser vorübergehend getrübt wird.

Die Temperaturen unmittelbar am Heizkabel sind überraschend gering. Zwischen den Kabelwindungen im Boden kann kühlendes Wasser leichter zur Wärmequelle vordringen und die Wärme besser abtransportieren als bei großflächig wärmenden Heizmatten, wo durch Wärmestau das Eindringen von kühlerem Wasser erschwert wird. Messungen an Heizkabeln, die unter einem 8 cm hohen Bodengrund verlegt waren, belegen den guten Wärmetransport: Der Mantel eines 200-Watt-Kabels war nur 5,0 °C wärmer als das freie Aquarienwasser, der eines 50-Watt-Kabels sogar nur 2,8 °C.[1]

Bekanntlich regt ein warmer Bodengrund den Pflanzenwuchs an. Die Leistung des Bodenheizers muß jedoch so gering sein, daß der Wasseraustausch im Boden nur sehr behutsam erfolgt. Sonst gelangt zu viel Sauerstoff in den Boden, und der Pflanzenwuchs stockt. Die Haupthei-

---

[1] Technische Daten dieser Heizkabel: 200 Watt: 40 W/m, 7 mm∅; 50 Watt: 8,33 W/m, 5 mm∅.

zung soll deshalb direkt im Wasser installiert sein, und zur Wuchsanregung kann man zusätzlich im Boden ein schwaches Heizkabel verlegen. Seine Leistung soll z.B. bei einem 100-l-Aquarium im Dauerbetrieb 10-12 Watt nicht übersteigen; nur bei intermittierendem Betrieb, also z.B. bei Thermostatsteuerung oder Tag/Nacht-Schaltung zusammen mit dem Licht, sollte die Leistung höher sein. Vergleiche hierzu auch das Kapitel „Bodendurchsickerung" auf Seite 36.

Ein besonders für Pflanzenaquarien geeignetes Heizkabel, das mit Kleinspannung betrieben wird und z.B. von einem Zweikreis-Thermostat (Bild 12-4) gesteuert werden kann, zeigt Bild 12-3, siehe Seite 98.

Stabheizer

Nach wie vor erfreuen sich Stabheizer großer Beliebtheit; sie sind preisgünstig und gut abgestuft in Leistungen etwa von 10 bis 500 Watt erhältlich. Außerdem lassen sie sich leicht installieren; es genügt, sie mit Plastiksaugern an der Scheibe zu befestigen.

Stabheizer geben ihre Wärme vergleichsweise konzentriert ab. Deshalb dürfen sie niemals in den Bodengrund eingegraben werden, dort können sie ihre Wärme nur ungenügend abgeben und überhitzen. Alle Stabheizer müssen stets frei vom Wasser umspült werden. Die Wärme verteilt sich am besten im Aquarium, wenn der Stabheizer waagerecht und möglichst tief im Wasser befestigt wird, unbedingt notwendig ist es jedoch nicht.

Das Gehäuse der Stabheizer besteht üblicherweise aus Glas. Vereinzelt werden Stabheizer mit Edelstahlgehäuse angeboten. Sie sind zwar absolut bruchfest, haben aber einen sehr bedenklichen Nachteil: Das Metallgehäuse ist durch den Schutzleiter geerdet (zwingende Sicherheitsvorschrift!). Dadurch ist auch das Aquarienwasser geerdet. Üblicherweise sind am Aquarium noch andere elektrische Geräte vorhanden, etwa eine Leuchte. Besitzt solche Anlage keinen FI-Schalter, so entstehen ganz erhebliche Sicherheitsbedenken! Unbedingt nachlesen im Kapitel „Sicherheit" auf Seite 11!

Dieses Risiko besteht bei Stabheizern aus Glas nicht, und moderne Markenfabrikate sind keineswegs zerbrechlich, sondern sehr robust und betriebssicher. Sofern sie ein CE-, VDE- oder GS-Zeichen tragen, sollten sie sogar Trockenlauf und anschließendes Abschrecken in kaltem Wasser überstehen! Derartige Extrembelastungen passieren leicht, wenn man z.B. vor dem Wasserwechsel vergißt, den Heizer auszuschalten.

Die meisten Stabheizer enthalten bereits einen einstellbaren Thermostaten, sie sind also kombiniert zu einem sogenannten Regelheizer. Dadurch ergeben sich kleine, kompakte Heizersysteme, die in Minutenschnelle installiert werden können und sich deshalb auch als stille Reserve eignen.

Heizerleistung

Je höher die elektrische Leistung eines Heizers ist, desto höher wird das Aquarienwasser im Vergleich zur Raumtemperatur aufgeheizt.

Mit einem Thermostaten (siehe dort) läßt sich der Temperaturanstieg auf eine voreingestellte Höhe begrenzen, aber auch dann soll die Heizerleistung nicht unmäßig hoch sein. Bei überdimensionierten Heizern muß der Thermostat häufiger schalten, das läßt ihn vorzeitig verschleißen. Außerdem könnte beim Ausfall des Thermostaten durch Dauerheizen die Temperatur alle erträglichen Grenzen überschreiten.

Die Heizerleistung soll nur so stark gewählt werden, daß die Wassertemperatur auch ohne Regelung etwa 30 °C nicht überschreiten kann. Faustformeln, etwa wie $1/2$ Watt pro Beckenliter, genügen dieser Forderung nicht, sondern sie heizen kleine Aquarien ungenügend und können große überhitzen! Ein doppelt so großes Aquarium verlangt keineswegs die doppelte Heizerleistung, sondern wesentlich weniger.

Heizertabelle

Die Tabelle 12-1 zeigt, welche Leistung ein Heizer ungefähr haben muß, um in einem zugluftfreien und abgedeckten Aquarium die gewünschte Temperaturerhöhung zu erreichen.

Messungen ergaben, daß es keine Rolle spielt, ob die Heizleistung durch einen Stabheizer im

Tabelle 12-1. Erforderliche Leistung eines Heizers im Aquarium in Watt (nach KRAUSE 1992)

Volumen Liter	Temperaturerhöhung in °Celsius										
	1	2	3	4	5	6	7	8	10	12	15
10	1	3	4	5	6	8	9	11	13	16	20
20	2	4	6	8	10	13	15	17	21	25	31
30	3	6	8	11	14	17	19	22	28	33	41
40	3	7	10	13	17	20	23	27	33	40	50
60	4	9	13	17	22	26	31	35	44	52	66
80	5	11	16	21	26	32	37	42	53	63	79
100	6	12	18	25	31	37	43	49	61	74	92
120	7	14	21	28	35	42	49	55	69	83	104
150	8	16	24	32	40	48	56	64	80	97	121
180	9	18	27	36	45	55	64	73	91	109	136
200	10	19	29	39	49	58	68	78	97	117	146
250	11	23	34	45	57	68	79	90	113	136	170
300	13	26	38	51	64	77	89	102	128	153	192
350	14	28	42	57	71	85	99	113	142	170	212
400	15	31	46	62	77	93	108	124	155	186	232
500	18	36	54	72	90	108	126	144	180	215	269
600	20	41	61	81	101	122	142	162	203	243	304
800	25	49	74	98	123	147	172	196	246	295	368
1000	29	57	86	114	143	171	200	228	285	342	428
1200	32	64	97	129	161	193	225	257	322	386	483
1500	37	75	112	149	187	224	261	299	373	448	560

Beispiel: Beckengröße 180 l, Raumtemperatur 20 °C, gewünschte Wassertemperatur 25 °C, also Differenz 5 °C. Laut Tabelle werden 45 Watt benötigt, gewählt wird ein handelsüblicher Heizer mit 50 Watt. – Wenn ein Thermostat benutzt wird, dann darf der Heizer stärker sein, aber nicht über 91 (100) Watt. Versagt der Thermostat, dann würde das Wasser um etwa 10 °C erwärmt werden, also auf ungefähr 30 °C.

freien Wasser oder durch ein Heizkabel im Boden erbracht wird.

In der Praxis wird das Aquarienwasser oft etwas wärmer als die Tabelle 12-1 erwarten läßt, weil fast immer noch andere Wärmequellen wirksam sind. So zum Beispiel wird die Stromenergie einer untergetauchten Motorpumpe (Innenfilter o.ä.) restlos in Heizwärme umgesetzt; nicht nur die unmittelbare Verlustwärme heizt, sondern auch die Strömungsenergie des Wassers wird letztendlich in Wärme umgesetzt. – Erhebliche Heizwirkung haben die Aquarienleuchten. Eine dicht aufliegende Leuchte kann z.B. mit 60 % ihrer Lampen-Nennleistung zur Heizung beitragen; das heißt, zwei 36-Watt-Lampen können bei täglich 12 Stunden Brennzeit ähnlich wirken wie ein ständig eingeschalteter 20-Watt-Heizer.

Abweichend von der Tabelle 12-1 gilt:

– Der Zugluft ausgesetzte Aquarien, z.B. in Fluren oder Empfangshallen, brauchen mehr Heizleistung. Die Wärmeisolation eines Aquariums beruht hauptsächlich auf der (einige mm dicken) ruhenden Luftschicht an der Glasoberfläche, denn Luft leitet die Wärme rund 30mal schlechter als Glas. Wird diese isolierende Luftschicht ständig fortgeblasen, steigt der Wärmebedarf erheblich! – Weil die Scheiben selbst kaum zur Wärmedämmung beitragen, brauchen Aquarien aus Acrylglas (Plexiglas), obwohl dessen Wärmewiderstand doppelt so hoch ist, trotzdem praktisch die gleiche Heizleistung wie Glasaquarien.

– Offene Aquarien verlangen wesentlich mehr Heizleistung, denn jeder Liter Wasser bindet beim Verdunsten 720 Wh an Energie! Angaben über den voraussichtlichen Heizbedarf sind kaum möglich, weil u.a. auch die relative Luftfeuchte im Raum eine erhebliche Rolle spielt. Zum Beispiel braucht ein Aquarium, das täglich 5 Liter Wasser verdunstet, zusätzlich 150 Watt Heizleistung (720 x 5/24 = 150).

Senken der Heizerleistung

Manchmal sind Heizer mit kleiner Leistung erforderlich, zum Beispiel für die Bodendurchsikkerung (Seite 37). Deren Beschaffung gelingt nicht immer. Nötigenfalls kann man die Leistung eines starken Heizers folgendermaßen reduzieren:

a) Vorschalten eines Dimmers (elektronischer Regler für Glühlampen). Zum Einstellen des Dimmers ersetzt man den Heizer vorübergehend durch eine Glühlampenleuchte; aus deren Helligkeit läßt sich die verbleibende Heizleistung abschätzen. Oder

b) Vorschalten einer Diode, um eine Halbwelle der Wechselspannung zu unterdrücken; die Heizleistung wird dadurch ungefähr halbiert. – Bei Heizern mit Transformator muß die Diode unbedingt im Sekundärkreis liegen, sonst geht der Transformator rasch entzwei. Oder

c) Vorschalten eines Transformators, der die Betriebsspannung herabsetzt. Die Leistung sinkt mit dem Quadrat der Spannung; das heißt: Die halbe Betriebsspannung ergibt ein Viertel der Heizleistung[1].

Achtung: Für die Maßnahmen b) und c) bietet der Handel keine steckerfertigen Lösungen an. Daher unbedingt nur vom Elektrofachmann durchführen lassen!

---

[1] Trifft bei Heizern nicht streng zu. Die meisten Aquarienheizer haben Drahtwiderstände. Deren Widerstand sinkt mit der Arbeitstemperatur. Folglich kann bei halber Betriebsspannung die Heizleistung mehr als ein Viertel betragen.

Heizer unbekannter Leistung

Die Beschriftung auf Heizern, insbesondere auf Glasheizern, wird nach längerem Gebrauch unleserlich. Manchmal lassen sich noch Reste lesen, wenn das Licht von der Seite her flach streifend einfällt. Läßt sich die Leistung (Wattstärke) eines Heizers nicht entziffern, bitte man einen Elektrofachmann um Hilfe.

Vorsorglich weise man ihn darauf hin, daß man in diesem Fall aus dem mittels Ohmmeter gemessenen Widerstand die Leistung n i c h t errechnen kann. Man erhält völlig falsche Werte, weil der Kaltwiderstand eines Heizers mit Metalldraht wesentlich kleiner ist als sein Warmwiderstand; so kann ein kalter 100-Watt-Heizer scheinbar mehr als 300 Watt Leistung haben. Die Leistung eines Aquarienheizers läßt sich nur ermitteln, indem man dessen Stromaufnahme unter Betriebsspannung mißt und aus beiden das Produkt bildet (Leistung = Spannung x Strom).

Thermostat

Ein Thermostat hält die Temperatur konstant; er mißt sie ständig und schaltet den Heizer automatisch aus, sobald die voreingestellte Temperatur erreicht ist.

Thermostate haben zwei wichtige Kenngrößen: Schaltgenauigkeit und Hysteresis. Beide werden sehr oft miteinander verwechselt oder falsch interpretiert!

Die Schaltgenauigkeit gibt an, wie gut die °C-Einstellskala mit den tatsächlichen Schaltpunkten übereinstimmt, also ob der Thermostat bei Einstellung auf z.B. 23 °C auch tatsächlich bei dieser Temperatur schaltet.

Die Hysteresis kennzeichnet die Differenz zwischen Ein- und Ausschalttemperatur. Eine Hysteresis ist unbedingt notwendig. Fehlt sie, so arbeitet der Thermostat unstabil und schaltet nach Erreichen der Solltemperatur ständig flatternd ein und aus.

Eine Hysteresis von beispielsweise 1 °C bedeutet theoretisch, daß die Temperatur im Aquarium um 1 °C schwankt. In der Praxis ist das aber nicht der Fall. Der Thermostat bekommt den Wärmeschwall des Heizers nach dem Einschalten meist schon viel früher zu spüren, ehe er sich im Aquarium wirklich verteilt hat; Wasser ist außerordentlich wärmeträge! Es hängt also sehr ab von der räumlichen Anordnung Heizer–Thermostat, ob und wie stark sich eine Hysteresis im Aquarium tatsächlich bemerkbar macht. Die Aquarienpraxis zeigt, daß zum Beispiel bei einem Regelheizer, also Stabheizer mit eingebautem Thermostat, eine Hysteresis von 2-3 °C so gut wie keine Schwankungen der Wassertemperatur erkennen läßt.

Für Aquarien sind heute zwei Arten von Thermostaten gebräuchlich, solche mit Bimetall oder mit Elektronik.

Bimetall-Thermostat

Das Arbeitsprinzip: Zwei Streifen aus Metallen mit unterschiedlicher Wärmeausdehnung sind flach aufeinanderliegend zusammengeschweißt zu einem Bimetallstreifen. Je nach Temperatur krümmt sich der Bimetallstreifen mehr oder weniger stark und kann dabei einen (verstellbaren) Kontakt betätigen.

Bimetall-Thermostate haben ihre aquaristische Eignung seit vielen Jahrzehnten bewiesen. Sie sind sehr preisgünstig. Markenfabrikate arbeiten zuverlässig und haben eine lange Lebensdauer. Ihrer geringen Abmessungen wegen können sie auch direkt in Stabheizer eingebaut werden, so daß man einen kompakten Regelheizer erhält.

Die Einstellskala hat meist nur Ziffermarkierungen ohne Temperaturangaben, denn die Schaltpunkte unterliegen unvermeidbar einer erheblichen Fertigungstoleranz. Deshalb ist zum Einstellen ein gutes Thermometer unerläßlich. Das gilt auch für solche Geräte, die ausnahmsweise eine °C-Skala besitzen.

Die Hysteresis eines Bimetall-Thermostaten beträgt je nach Fabrikat etwa 0,7-2 °C. Das reicht für die Aquarienpraxis völlig aus.

Bimetall-Thermostate schalten mit einem mechanischen Kontakt, daher können sie normale Heizer wie auch Kleinspannungs-Heizer mit Transformator steuern.

Elektronischer Thermostat

Das Arbeitsprinzip: Ein kleines elektrisches Bauteil (NTC-Widerstand, Transistor o.ä.) ändert je nach Temperatur seinen Widerstand. Ein elektronischer Schaltkreis vergleicht den Widerstand des Fühlers mit dem Wert eines der Solltemperatur entsprechend einstellbaren, wärmestabilen Widerstandes. Abweichungen nach oben oder unten lösen die gewünschten Schaltungen aus.

Elektronische Thermostate sind um ein Vielfaches teurer als Bimetall-Thermostate. Ihre Hysteresis beträgt nur etwa 0,2-0,5 °C, deshalb können sie die Wassertemperatur noch gleichmäßiger konstant halten; ein biologischer Vorteil ergibt sich daraus aber nicht. Auch wenn die Einstellskala eine °C-Skalierung besitzt, ist ein gutes Thermometer dringend zu empfehlen.

Einige elektronische Thermostate schalten die Heizung kontaktlos über ein Halbleiterrelais, z.B. einen Thyristor. Halbleiterrelais haben zwar keinen Verschleiß, vertragen aber keine induktive Last, wie sie ein Kleinspannungs-Heizer mit Transformator darstellt. Vorteilhafter sind daher Geräte mit einem mechanischen Relais.

Vorsicht: Die etwa bohnengroßen Temperaturfühler haben oft relativ schwere Anschlußkabel. Es passiert leicht, daß die Fühler vom Kabelgewicht unbemerkt aus dem Aquarium herausgezogen werden. Dann messen sie unentwegt die niedrigere Raumtemperatur und schalten die Aquarienheizung auf Dauerlauf! Der Fühler muß absolut sicher befestigt werden, z.B. durch Festbinden mit Nylongarn an einem Stein; Plastiksauger sind gefährlich unzuverlässig!

Sonderbauarten

Pflanzenfreunde installieren eine schwache Bodenheizung und bei höherem Wärmebedarf zusätzlich eine stärkere Wasserheizung. Zweckmäßig benutzt man zwei Thermostate, wobei der „Wasser"-Thermostat etwa 1 °C höher eingestellt sein soll, damit der Bodenheizer stets bevorzugt wird.

Verläßlicher und einfacher zu bedienen ist ein Zweikreis-Thermostat. Mit nur einem Einstellknopf steuert er zwei getrennte Schaltkreise für Bodenheizung und Wasserheizung. Dabei hat zweckangepaßt die Bodenheizung stets Vorrang. Erst wenn die Bodenheizung nicht mehr ausreicht, schaltet sich – so lange wie nötig – die Wasserheizung hinzu (Bild 12-4 auf Seite 98).

Thermometer

Zur Temperaturkontrolle ist ein gutes Thermometer unerläßlich, denn auf die Temperaturskalen der Thermostate ist nicht unbedingt Verlaß.

Elektronische Thermometer zeigen die Temperatur digital an in Zehntelgraden. Überflüssigerweise! Das bedeutet aber nicht, daß sie auch auf 0,1 °C genau messen. Abweichungen von 1 °C sind durchaus möglich. Vorsicht bei minderwertigen Batteriegeräten: Wird die Batterie leer, dann zeigen sie ohne Warnung um mehrere °C falsch an, das aber auf Kommastelle „genau"!

Herkömmliche Glasthermometer mit Flüssigkeitssäule sind nach wie vor am zuverlässigsten! Billige Massenware kann um 1-2 °C falsch anzeigen. Beim Kauf suche man sich ein Exemplar heraus, dessen Anzeige mit möglichst vielen anderen übereinstimmt. Bei guten Thermometern ist der Skalenbereich zwischen 20 und 30 °C mindestens 1,5 cm lang und damit gut ablesbar; minderwertige Aquarienthermometer haben eine schlecht ablesbare und kurze Skala, die unsinnigerweise manchmal sogar herabgeht bis minus(!) 10 °C.

Die Genauigkeit eines Aquarienthermometer kann man prüfen durch Vergleich mit einem Fieberthermometer, diese messen auf 1 Zehntelgrad genau. Dazu bereitet man im Waschbecken ein handwarmes Wasserbad und legt den Prüfling hinein. Dieser soll nach einiger Zeit konstant etwa 35-38 °C anzeigen. Wichtig: Das Wasser ständig mit der Hand umrühren! Dann taucht man das Fieberthermometer hinein; es zeigt binnen wenigen Sekunden die Temperatur auf 0,1 °C genau an.

Heizung – kurz und bündig

- Aquarien mit Fischen aus den Subtropen (20-25 °C) benötigen in geheizten Wohnräumen keine zusätzliche Heizung. Es genügt die Wärme von der Aquarienbeleuchtung.
- Höhere Temperaturen beschleunigen den Stoffwechsel: Pflanzen brauchen mehr Licht und Fische mehr Futter.
- Bei der Wahl der Heizerleistung hilft Tabelle 12-1 auf Seite 84.
- Aquarien, die in Zugluft stehen oder nicht abgedeckt sind (offene Aquarien), brauchen wesentlich mehr Heizleistung.
- Heizerleistung nicht überdimensionieren, im Störfall darf die Temperatur nicht wesentlich über 30 °C steigen!
- Heizmatten enthalten oft Kohleschichtwiderstände, diese neigen zum Überhitzen; dadurch kann u.U. die Bodenscheibe platzen.
- Vor jedem Wasserwechsel stets die Heizung abschalten. Netzstecker ziehen! Sobald der Thermostat nicht mehr im Aquarienwasser eintaucht, besteht Überhitzungsgefahr!
- Pflanzen mögen eine schwache Bodenheizung, für die zusätzliche Wasserheizung möglichst einen Zweikreisthermostat benutzen.
- Lebensgefahr: Heizer mit Metallgehäuse nur in Verbindung mit einem FI-Schalter betreiben! Siehe Seite 11.
- Skalen auf Thermostaten sind häufig ungenau, zur Kontrolle stets ein gutes Thermometer benutzen.

13. Filterverfahren

Kenntnisse über die bei der Filterung ablaufenden Prozesse machen die Aquaristik wesentlich transparenter, sie sind aber für die Praxis nicht unbedingt erforderlich. Für die tägliche Aquaristik genügt die Kenntnis des Kapitels „14. Aquarienfilterpraxis".

Im Aquarium fallen fortwährend Verunreinigungen an, zum Beispiel durch Futterreste und Ausscheidungen der Fische. Diese Stoffe können sich im Laufe der Zeit gefährlich anhäufen, wenn sie nicht durch regelmäßigen Wasserwechsel entfernt oder durch Filtern weitgehend abgebaut werden.

In der Aquaristik sind mechanische und biologische Filterverfahren gebräuchlich. Bei den biologischen Verfahren wird unterschieden zwischen Schnellfiltern und Langsamfiltern.

Mechanische Filter

Mechanische Filter gleichen einem Sieb, das alle Körper zurückhält, die größer als die Maschenweite sind. Im Wasser gelöste Stoffe, und hierzu zählen auch alle Schadstoffe, lassen sich nicht mit mechanischen Filtern entfernen. Eine Ausnahme bildet die Umkehrosmose (Reversosmose), ein aufwendiges Verfahren, das aber nicht als Aquarienfilter geeignet ist, sondern zur Reinwassergewinnung.

Im Aquarium werden mechanische Filter als Vorfilter benutzt. Zum Beispiel kann eine Kammer, die locker mit Perlonwatte gefüllt ist, Schwebstoffe und grobe Partikel vom eigentlichen Filter fernhalten. So lassen sich Verschmutzungen leicht aus dem Aquarium entfernen, bevor sie biologisch zerlegt werden und ihre gelösten Bestandteile das Wasser belasten können. Diese nützliche Funktion können mechanische Filter nur dann erfüllen, wenn sie oft gereinigt werden.

Mechanische Filter, die mit Perlonwatte oder ähnlichem Material bestückt sind, haben eine Porenweite in mm-Größe und können daher nur recht grobe Teilchen zurückhalten. Trübes Wasser können sie nicht klären. Denn alle Teilchen bis herab zu einer Kleinheit von etwa 0,0005 mm, dies entspricht der Lichtwellenlänge, können prinzipiell das Wasser trüben.

Sehr wirksame mechanische Filter benutzen Kieselgur (Diatomeenerde), die zuvor in millimeterdünner Schicht auf dem Filterbett angeschwemmt werden muß. Es sind besondere Vorrichtungen zum Anschwemmen der Filterschicht erforderlich und kräftige Pumpen, weil der Filterwiderstand sehr hoch ist. Die effektive Porenweite eines Kieselgurfilters liegt bei 0,01 mm. Damit läßt sich oft – aber nicht immer – auch stark getrübtes Wasser kristallklar filtern, und zwar sehr rasch binnen wenigen Stunden.

Kieselgurfilter erfordern etwa tägliche Wartung, sie eignen sich daher kaum für den Dauereinsatz. Sie sind nützlich beim Bekämpfen von Erkrankungen, die durch schwärmende Ektoparasiten hervorgerufen werden, wie z.B. bei der Pünktchenkrankheit (Ichthyophthirius). Sie können auch auf Ausstellungen oft Aquarien retten, denn frisch eingerichtete Becken tendieren bekanntermaßen zu hartnäckigen Trübungen (Wasserblüte). Einen aquaristisch geeigneten Kieselgurfilter zeigt Bild 13-1 auf Seite 98.

Wichtig: Auf allen mechanischen Filtern siedeln sich im Laufe der Zeit auch Bakterien an. Nach einigen Wochen beginnen deshalb alle mechanischen Filter auch biologisch zu filtern!

Biologische Filter

Die Filterarbeit übernehmen im Filterbett angesiedelte Kleinlebewesen. Dies sind neben Einzellern (Flagellaten, Ciliaten, Rotarien usw.) vor allem Massenansammlungen der verschiedensten Bakterienarten. Diese nehmen aus dem Aquarienwasser die Verunreinigungen – es sind überwiegend großmolekulare organische Verbindungen – quasi als Nahrung auf. Nach der „Verdauung", also nachdem die Kleinlebewesen ihre Lebensenergie aus den organischen Verbindungen gewonnen haben, geben sie die restlichen Stoffe wieder in das Wasser.

Biochemisch gesehen handelt es sich durchweg um Oxidationsprozesse, bei denen die großmolekularen organischen Verunreinigungen von den Mikroben schrittweise aufgespalten werden in kleinmolekulare Verbindungen. Bei jedem Stoff und jedem Prozeßschritt sind andere, genau darauf spezialisierte Bakterienarten beteiligt und erforderlich. Am Ende der Prozeßkette stehen überwiegend harmlose Mineralstoffe, von denen ein Teil den Pflanzen als Nährstoff dienen kann.

Die das Aquarienwasser belastenden Stoffe sind prinzipiell Kohlenhydrate, Eiweiße und Fette. Die Endprodukte der biologischen Filterung sind größtenteils Kohlendioxid und Wasser. Hier ein einfaches Beispiel für die Zerlegung eines Kohlenhydrates, nämlich Zucker:

$$C_6H_{12}O_6 + 6\,O_2 \rightarrow 6\,CO_2 + 6\,H_2O$$

Zucker +	Sauer-	$\rightarrow$	Kohlen-	+ Wasser
	stoff		dioxid	

Biologische Filter haben üblicherweise relativ große Porenweiten bis zu mehreren Millimetern. Trotzdem können sie das Aquarienwasser kristallklar filtern! Warum? Die Trübstoffe sind nur selten totes Material, sondern meist tierisches oder pflanzliches Plankton, also winzige im Wasser schwebende Lebewesen. Werden dem Wasser die Nährstoffe durch biologische Filterung entzogen, so stirbt das Plankton, und das Wasser wird klar.

Hier wird auch verständlich, warum kristallklares Wasser nicht unbedingt erwünscht ist. Die Erfahrung zeigt immer wieder, daß Aquarien mit besonders gutem Pflanzenwuchsklima meist eine ganz leichte Trübung zeigen, die an Seidenglanz erinnert. „Klares Wasser ist totes Wasser", diese Regel kennen Biologen und Taucher.

Die biochemischen Filterprozesse verlaufen außerordentlich kompliziert. Ihr genauer Verlauf hängt unter anderem ab von Temperatur, Sauerstoffgehalt und Art der organischen Verbindungen. Dementsprechend entwickeln sich im Filterbett andere Bakterienpopulationen. Der wohl bedeutendste Milieufaktor ist der Sauerstoffgehalt, deshalb unterscheidet man grundlegend zwei Filterprozesse:

Biologische Filterprozesse:

– Aerobe Filterung; findet statt
  in Gegenwart von gelöstem Sauerstoff.

– Anaerobe Filterung; findet statt
  in Abwesenheit von gelöstem Sauerstoff.

  Sprich: a-erobe oder ärobe bzw.
            an-a-erobe oder an-ärobe,
            (lt. Duden beides möglich).

Aerobe Filter verlangen ein hohes Sauerstoffangebot, dieses wird bereitgestellt vom schnell hindurchfließenden Wasser; die technische Bezeichnung lautet deshalb „Schnellfilter".

Anaerobe Filter müssen zumindest in Teilen des Filterbettes sehr sauerstoffarm oder gar völlig sauerstofffrei sein, das wird erreicht durch langsamen Wasserdurchlauf; die technische Bezeichnung lautet deshalb „Langsamfilter".

Schnellfilter

Fast alle gebräuchlichen Aquarienfilter arbeiten nach dem Schnellfilterverfahren! Die meisten Endprodukte des Prozesses enthalten Sauerstoff in gebundener Form. Bild 13-2 skizziert in ganz groben Zügen den Funktionsablauf, wobei keineswegs alle Endprodukte erwähnt sind.

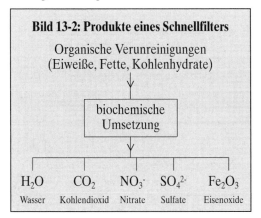

Bild 13-2: Produkte eines Schnellfilters

Organische Verunreinigungen
(Eiweiße, Fette, Kohlenhydrate)

biochemische Umsetzung

H_2O	CO_2	NO_3^-	SO_4^{2-}	Fe_2O_3
Wasser	Kohlendioxid	Nitrate	Sulfate	Eisenoxide

Der größte Anteil unter den Filterprodukten entfällt auf Wasser und Kohlendioxid; beide sind unkritisch und können z.B. von den Aquarienpflanzen leicht aufgenommen werden.

Nitrate sind dagegen nicht ohne weiteres verwertbar; Pflanzen müssen zuerst das Nitrat (NO_3) unter Energieverbrauch reduzieren zu Ammonium (NH_4). Im Aquarium entstehen meist mehr Nitrate und Sulfate als von den Pflanzen verwertet werden können. Diese Stoffe (und einige andere) häufen sich an und müssen durch Teilwasserwechsel regelmäßig entfernt werden. Daraus folgt: Auch der größte und beste Aquarienfilter macht den Wasserwechsel nicht überflüssig!

Das Eisenoxid (Fe_2O_3) als Filterprodukt steht hier symbolisch zugleich für eine Reihe anderer lebensnotwendiger Verbindungen. Eisen, Mangan und viele andere wichtige Spurenelemente sind im oxidierten Zustand nicht wasserlöslich; sie lagern sich im Filterbett ab und stehen den Konsumenten im Aquarium nicht mehr zur Verfügung. Wäscht man das Material eines längere Zeit benutzten Schnellfilters aus und analysiert das Spülwasser, so erweist sich die schwarzbraune Brühe nicht etwa als organischer Dreck, sondern als hochkonzentrierte Düngerlösung mit Eisen, Mangan und anderen Spurenelementen. Gehalte über 3000 mg/l Eisen und 1500 mg/l Mangan sind nicht ungewöhnlich, während zur gleichen Zeit im Aquarienwasser Mangel herrscht mit nur 0,01 mg/l Eisen und 0,02 mg/l Mangan!

Hierin liegt ein großes Problem der Schnellfilter! Schon 1982 wurde erkannt: Aquarienfilter sind Eisenfallen[1]! Das trifft nicht nur für einfache Eisendünger zu, sondern auch für chelatisiertes Eisen, denn ein biologisch arbeitender Filter bricht mit der Zeit auch Chelate auf. Das läßt sich leicht zeigen, indem man auf 100 Liter Aquarienwasser 0,08 g Eisendünger „Fetrilon®" gibt (entspricht 0,1 mg/l Fe) und dann mit und ohne Filter über Tage bzw. Wochen die Abnahme des Eisengehaltes verfolgt[2]. Je stärker aerob ein Filter arbeitet (Rieselfilter!), desto schneller sinkt der Eisengehalt.

Ein Schnellfilter verbraucht beim Oxidationsprozeß viel Sauerstoff und bindet ihn in seinen Filterprodukten. In den organischen Ausgangsstoffen ist für den Filterprozeß zu wenig Sauerstoff enthalten. Den zusätzlich benötigten Sauerstoff entnehmen die Bakterien dem durchfließenden Wasser. Den Vorgang zeigt am Beispiel der Eiweißzerlegung die Tabelle 13-A (Seite 92).

[1] KRAUSE (1982): Der Filter im Pflanzen-Aquarium. Aquarien-Magazin 12/1982, Seite 715. Franckh Verlag, Stuttgart.

[2] Zum Messen muß unbedingt ein sehr guter Eisentest verwendet werden, der tatsächlich auch Chelate aufschließt. Durch Erwärmen läßt sich der Aufschluß oft verbessern. Näheres in KRAUSEs „Handbuch Aquarienwasser".

Es werden 100 g Eiweiß umgesetzt in 324 g andere Substanzen. Die Mengenzunahme geschieht durch Bindung von zusätzlich 224 g Sauerstoff; er wird dem durchfließenden Wasser entnommen. Daraus folgt: Ein ordnungsgemäß arbeitender Schnellfilter verbraucht Sauerstoff! Und zwar je 1 Gramm organische Belastung rund 2,2 Gramm Sauerstoff.

Typische Kennzeichen eines Schnellfilters sind: Der Wasserdurchlauf ist so schnell, daß das Filterbett durchweg aerob (sauerstoffhaltig) ist. Alle Filter-Endprodukte befinden sich im oxidierten Zustand, deshalb sind viele Spurenelemente wasserunlöslich festgelegt. Das den Filter verlassende Wasser enthält weniger Sauerstoff als das zulaufende, aber noch mehrere mg/l.

Tabelle 13-A: Stoffumsatz im Schnellfilter bei der Zerlegung von Eiweiß

Kohlenstoff	C	50 g	→		→	Kohlendioxid CO_2 183 g
Sauerstoff	O	25 g	→		→	wird wieder gebunden!
Stickstoff	N	17 g	→	Umsetzung	→	Nitrat NO_3^- 75 g
Wasserstoff	H	7 g	→		→	Wasser H_2O 63 g
Schwefel	S	1 g	→		→	Sulfat SO_4^{2-} 3 g
Summe Eiweiß		100 g	→	umgesetzt	→	neue Substanzen 324 g

Langsamfilter

Obwohl dieses Verfahren das ältere ist, ist es in der Aquaristik weitgehend unbekannt und wird (bisher?) nur selten angewandt. Viele Endprodukte des Langsamfilters sind sauerstofffrei. Bild 13-3 skizziert in ganz groben Zügen den Funktionsablauf, wobei keineswegs alle Endprodukte erwähnt sind.

Zu den problemlosen Filterprodukten zählen außer Wasser und Kohlendioxid auch der Stickstoff, weil er hier in Gasform vorliegt. Stickstoffgas kann leicht aus dem Wasser heraus entweichen in die ohnehin stickstoffhaltige Luft. Ein Langsamfilter produziert also kein Nitrat! Er kann sogar beim Abbau von Nitrat helfen.

Die Sulfide (S^{2-}) werden nach Verlassen des Filters im Kontakt mit dem sauerstoffhaltigen Aquarienwasser rasch zu Sulfaten (SO_4^{2-}) oxidiert; somit entsteht hier letztlich dasselbe Produkt wie beim Schnellfilter.

Das Eisen in seiner zweiwertigen Ionenform steht wiederum stellvertretend für eine Reihe anderer Mineralien und wichtiger Spurenelemente: Es existiert in reduzierter Form! Damit ist es wasserlöslich, kann von den organischen Wasserinhaltsstoffen chelatisiert werden und steht den Pflanzen als Nährstoff bereit.

Auch im Langsamfilter läuft grundsätzlich wie beim Schnellfilter eine biochemische Oxidation

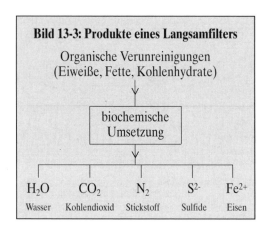

Bild 13-3: Produkte eines Langsamfilters

Organische Verunreinigungen
(Eiweiße, Fette, Kohlenhydrate)

↓

biochemische
Umsetzung

↓

H_2O	CO_2	N_2	S^{2-}	Fe^{2+}
Wasser	Kohlendioxid	Stickstoff	Sulfide	Eisen

der organischen Verunreinigungen ab. Auch hier reicht der Sauerstoffgehalt in den organischen Ausgangsstoffen nicht aus, um den Prozeß vollständig durchführen zu können. Auch hier nehmen die Bakterien den zusätzlich benötigten gelösten Sauerstoff aus dem durchfließenden Wasser. Soweit vorhanden! Und jetzt kommt der gravierende Unterschied zum Schnellfilter: Beim Langsamfilter bringt das Wasser zu wenig Sauerstoff heran! Folglich werden viele Stoffe nicht bis zur höchstmöglichen Stufe oxidiert, und es entstehen die typischen Endprodukte eines Langsamfilters wie z.B. Fe^{2+} oder N_2.

Wenn das dem Langsamfilter zugeführte Wasser einfache sauerstoffhaltige Verbindungen enthält, z.B. Nitrat, so kann in den sauerstofffreien Zonen des Filterbettes eine Denitrifikation stattfinden. Das bedeutet: Die Bakterien reißen, um die angebotenen organischen Verbindungen oxidieren zu können, den dazu benötigten Sauerstoff (O_2) zum Beispiel aus dem Nitrat (NO_3^-) heraus und reduzieren es. Das Nitrat (NO_3^-) kann weiter reduziert werden über Nitrit (NO_2^-) und Stickoxid (NO) bis zum Lachgas (N_2O) oder weiter zum Stickstoffgas (N_2), welche beide in die Atmosphäre entweichen können.

Auf diese Weise wird das Nitrat aus dem Aquarienwasser rückstandsfrei entfernt! Aus dem Vorhergesagten ergibt sich aber klar, daß zur Denitrifikation neben anaeroben Bedingungen als weitere Vorausetzung auch genügende Mengen an oxidierbaren organischen Stoffen im Wasser vorhanden sein müssen. Das ist in einem durch Fische belasteten Aquarienwasser meist der Fall, sofern sie nicht durch einen gleichzeitig laufenden Schnellfilter entfernt werden. Weitere Angaben zu denitrifizierenden Filtern enthält KRAUSEs „Handbuch Aquarienwasser".

Auch ein Langsamfilter verbraucht Sauerstoff, jedoch weniger als ein Schnellfilter. Den Vorgang zeigt wiederum am Beispiel der Eiweißzerlegung die Tabelle 13-B.

Typische Kennzeichen eines Langsamfilters sind: Der Wasserdurchlauf ist so langsam, daß – sofern das Wasser genügende Mengen an organischen Substanzen enthält – sich im Filterbett anaerobe (sauerstofffreie) Zonen bilden können. Wichtige Mineralien und Spurenelemente liegen in reduzierter Form vor und sind damit wasserlöslich und pflanzenzugänglich. Der Filterablauf ist praktisch sauerstofffrei.

Langsamfilter verlangen keine besondere Technik. Es eignen sich grundsätzlich alle Bauformen, bei denen der Sauerstoffgehalt im Filterbett genügend tief sinken kann. Dazu gehören z.B. übliche Innen-, Außen- und Bodenfilter; nicht aber die stark aerob arbeitenden Rieselfilter. Das Filtervolumen muß so groß sein und der Durchlauf so stark gedrosselt werden, daß unter normal belastetem Aquarienwasser im Ablauf allerhöchstens etwa 1,0 mg/l Sauerstoff meßbar sind.

Tabelle 13-B: Stoffumsatz im Langsamfilter bei der Zerlegung von Eiweiß							
Kohlenstoff	C	50 g	→		→	Kohlendioxid CO_2	183 g
Sauerstoff	O	25 g	→		→	wird wieder gebunden!	
Stickstoff	N	17 g	→	Umsetzung	→	Stickstoffgas N_2	17 g
Wasserstoff	H	7 g	→		→	Wasser H_2O	63 g
Schwefel	S	1 g	→		→	Sulfidion S^{2-}	1 g
Summe Eiweiß		100 g	→	umgesetzt	→	neue Substanzen	264 g

Einfahren der Filter

Biologische Filter stützen sich auf die Hilfe von Mikroorganismen. Neue Filter sind steril und können nicht arbeiten. Die üblichen Filterbakterien sind zwar überall zumindest in Spuren gegenwärtig, aber es vergehen etwa 2-4 Wochen, ehe sie den Weg in das neue Filtermaterial gefunden und sich dort zu einem leistungsfähigen Mikrobenrasen entwickelt haben.

Das Einfahren eines Filters läßt sich durch Impfen beschleunigen. Dazu nimmt man etwas Filterschlamm aus einem gebrauchten Filter und legt ihn zwischen das neue Filtermaterial; die Mikroorganismen gelangen dann recht schnell in den neuen Filter hinein. Man kann auch gebrauchtes Filtermaterial in den neuen Filter legen oder vor der Ansaugöffnung mehrmals kräftig ausdrücken.

Jede Stufe in der Abbaukette wird von jeweils darauf spezialisierten Organismen durchgeführt. Das heißt, die letzten in der Kette können nur arbeiten, wenn die vorhergehenden bereits tätig gewesen waren. Folglich geht auch das Einfahren stufenweise vor sich, wie man wasseranalytisch sehr leicht verfolgen kann.

Das typische Einfahrverhalten eines Schnellfilters zeigt Bild 13-4. Einige Tage nach dem Start hat die Abbaukette die Ammoniumstufe erreicht, und der Ammoniumgehalt steigt stark an. Nun können sich Bakterien, wie etwa Nitrosomonas europaea, vermehren und das Ammonium in Nitrit überführen; dadurch flacht die Ammoniumkurve ab und beginnt wieder zu fallen, während der Nitritgehalt kräftig ansteigt. Dadurch entsteht genügend Lebensgrundlage für Bakterien, wie etwa Nitrobacter winogradskyi, die das Nitrit in Nitrat überführen. Am Schluß des Einfahrprozesses sinken Ammonium- und Nitritgehalt auf Normalwerte ab, weil sie beide zügig weiterverarbeitet werden.

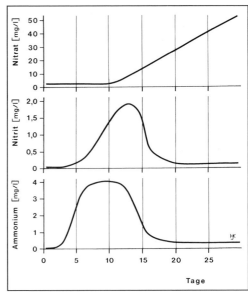

Bild 13-4: Typisches Einfahrverhalten eines Schnellfilters: Nach dem Ammoniumpeak folgt der Nitritpeak. Wenn die Nitrifikation schließlich vollständig in Gang gekommen ist, gehen Ammonium- und Nitritgehalte auf Normalwerte zurück, und der Nitratgehalt steigt fortlaufend an.

Ein anschließend in Betrieb genommener Langsamfilter verhält sich typisch wie auf Bild 13-5

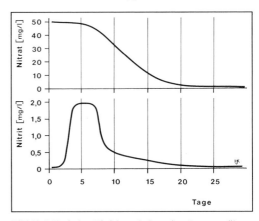

Bild 13-5: Typisches Einfahrverhalten eines Langsamfilters: Wenn der Nitritpeak vorüber ist, sinkt der Nitratgehalt auf wenige Milligramm pro Liter.

94

dargestellt. Unter üblichen aquaristischen Bedingungen erhält er genügend organische Verbindungen und kann denitrifizieren, er baut also Nitrat ab. Auch hier verlangt das Einfahren Zeit und erfolgt stufenweise; das beweisen der nur zögernd beginnende Nitratabfall und der Nitritpeak. Anschließend kann – bei ausreichender Anaerobie versteht sich – die Umwandlung beginnen vom Nitrit über mehrere andere Stufen zum gasförmigen Stickstoff (dieser Weg läßt sich mit einfachen Nachweismethoden nicht verfolgen). Nach dem Einfahren sinkt der Nitritgehalt und das Nitrat wird zügig entfernt. Vergleiche hierzu die Endprodukte eines Langsamfilters in Bild 13-3.

Mechanisch oder biologisch?

Die wichtigsten Eigenschaften der verschiedenen Filterverfahren sind auf Seite 96 zusammengestellt.

Eine mechanische Filterung allein reicht nur für Aquarien mit geringem Fischbesatz. Und dort ist sie eigentlich überflüssig, denn die biologische Eigenfilterung des Aquariums genügt, um geringe Mengen an Schadstoffen abzubauen.

Bei stärkerem Fischbesatz reicht die biologische Eigenfilterung des Aquariums nicht aus, sondern muß durch zusätzliche biologische Filter unterstützt werden.

Beide biologische Verfahren, also sowohl Schnellfilter wie auch Langsamfilter, liefern Wasser guter Qualität. Schnellfilter arbeiten aerob und können auf wesentlich kleinerem Raum realisiert werden, produzieren aber Nitrat. Langsamfilter benötigen bei gleicher Leistung etwa das zehnfache Volumen, aber sie senken den Nitratgehalt und liefern Pflanzennährstoffe in aufnehmbarer Form.

Erwähnt sei noch, daß bei der Trinkwassergewinnung anaerob gefiltertes Wasser bevorzugt wird, nämlich Grundwasser! Es hat einen langen Sickerweg hinter sich und wurde vom Erdreich im Langsamfilterverfahren anaerob gefiltert!

Bei der Intensivfischhaltung sind Schnellfilter das Mittel der Wahl.

Bei bepflanzten Gesellschaftsaquarien wäre eine Kombination von Schnell- und Langsamfiltern optimal, denn beide Verfahren ergänzen sich sehr gut. Auch die kommunalen Abwässer werden seit Jahrzehnten in einer Kombination von aeroben und anaeroben Verfahren gereinigt. Ein Aquarienfilter, der nach dieser Erkenntnis konstruiert wurde, ist die 2-Kammer-Filterstation auf Bild 14-3, Seite 99. Sie besitzt zwei Schaumstoffkammern, die abwechselnd gereinigt werden; während die eine als Schnellfilter arbeitet, wird die andere bedeutend weniger stark durchströmt und kann anaerobe Phasen erreichen.

Die Eigenfilterung der Aquarien verläuft aerob, sofern man von den Prozessen geringen Umfanges im Boden absieht. Deshalb ist es durchaus möglich, als Zusatzfilter einzig und allein einen anaeroben Langsamfilter zu benutzen. Das gilt für maßvoll besetzte Gesellschaftsaquarien, wobei mit Gesellschaft nicht ein Aquarium mit verschiedensten Fischen gemeint ist, sondern die natürliche Gesellschaft von Fischen u n d Pflanzen! Langsamfilter verlangen zwar rund den zehnfachen Platz, aber sie liefern das biologisch bessere Wasser. Bereits 1965 beobachtete Guido Hückstedt[1], einer der Pioniere in der Aquaristik und enger Mitarbeiter des nobelpreisgekrönten Verhaltensforschers Konrad Lorenz: „Aquarien mit biologischem Langsamfilter haben einen gewissen Zauber, den andere Becken niemals erreichen!"

[1] HÜCKSTEDT (1965): Aquarientechnik, Seite 13. Franckh Verlag.

Filterverfahren – kurz und bündig

Mechanische Filter
– halten nur grobe Partikel zurück, wie Blätter oder Schmutzflocken
  (Ausnahme Kieselgurfilter Seite 89),
– können die Standzeit biologischer Filter verlängern,
– senken die Belastung des Wassers nicht,
– beginnen nach einiger Zeit biologisch zu arbeiten.

Biologische Filter
– senken die Wasserbelastung mit Mikrobenhilfe.

Schnellfilter
  – brauchen im Filterbett Sauerstoff,
  – haben ein relativ kleines Filtervolumen und hohen Wasserdurchsatz,
  – produzieren Nitrat,
  – blockieren wichtige Mineralien und Spurenelemente (Eisenfallen!),
  – der Wasserablauf enthält etwa 2-8 mg/l Sauerstoff.

Langsamfilter
  – brauchen im Filterbett sauerstofffreie Zonen,
  – verlangen ein großes Volumen und niedrigen Wasserdurchsatz,
  – produzieren kein Nitrat,
  – können vorhandenes Nitrat abbauen (Denitrifikation),
  – Pflanzennährstoffe und -spurenelemente werden nicht festgelegt,
  – der Wasserablauf enthält fast keinen Sauerstoff.

14. Aquarienfilterpraxis

In diesem Kapitel werden die technischen Einzelheiten der Filterung beschrieben für die tägliche Aquarienpraxis. Das Wissen um die biochemischen Hintergründe (Kapitel „13. Filterverfahren") ist nicht unbedingt notwendig, erleichtert aber das Verständnis für das Filterverhalten.

Wann filtern?

Nicht jedes Aquarium braucht auch einen Filter. Wenn der Fischbesatz nicht zu dicht ist, sondern annähernd natürlichen Verhältnissen entspricht, dann ist der Anfall an Schadstoffen gering und wird von der Eigenfilterung des Aquariums bewältigt.

Zur Erläuterung: Die biologische Filterarbeit, also der Abbau von organischen Verbindungen, geschieht durch Kleinlebewesen und insbesondere durch Bakterien. Näheres hierzu im Kapitel „13. Filterverfahren". Grundsätzlich siedeln sich Filterorganismen nicht nur im Filter an, sondern auch überall dort, wo sich Bakterien ansiedeln können: auf jedem Kieskorn, jeder Dekoration, auf den Glasscheiben, also überall im gesamten Aquarium! Daher laufen im gesamten Aquarium genau dieselben Prozesse ab wie in einem Filter, jedoch – wegen der geringeren Anströmung – nicht so intensiv. Auch im Aquarienboden sind Bakterien aktiv; dort setzen sie, ähnlich wie in einem Langsamfilter, anaerobe Filterprozesse in Gang, die aber wegen ihres geringen Umfanges meist unbemerkt bleiben.

Nach Untersuchungen von WACHTEL[1] senkt ein gut funktionierender Filter mit 6 Liter Volumen den Gehalt an Belastungsstoffen in einem 200-Liter-Aquarium etwa auf die Hälfte. Daraus folgt: Ein 200-Liter-Aquarium hat die gleiche Abbauleistung wie ein 6-Liter-Schnellfilter![2]

Tatsächlich wird die Eigenfilterung des Aquariums oft unterschätzt. Oder anders herum betrachtet: Ein Aquarienfilter leistet wesentlich weniger, als allgemein vermutet wird. Die Praxis beweist immer wieder, daß viele Aquarien bei mäßigem Fischbesatz völlig ohne Filter auskommen!

Zusätzliche Filterung ist notwendig, wenn das Wasser auch nach der Einfahrzeit noch zuviel Ammonium oder Nitrit enthält[3]. Als Grenzwerte können gelten:

$$0,5\text{-}1,0 \text{ mg/l } NH_4 \text{ oder}$$
$$0,2\text{-}0,5 \text{ mg/l } NO_2.$$

Fische, die an der Oberfläche nach Luft schnappen, sind noch kein Beweis dafür, daß ein Filter fehlt, sondern ein Hinweis auf Sauerstoffmangel. Der Sauerstoffgehalt sollte nicht unter 2-3 mg/l absinken, nötigenfalls Wasseroberfläche bewegen zwecks Lufteintrag und den Pflanzenwuchs kontrollieren.

Leichte Wassertrübungen sind ebenso kein zwingender Anlaß zum Filtern. Klares Wasser ist kein Beweis für gesundes Wasser! Denn zum einen sind die meisten Schadstoffe farblos und trüben nicht. Zum anderen zeigt kristallklares Wasser, daß jegliche Kleinstlebewesen fehlen, es

---

[1] WACHTEL (1988): Zur Aquarienökologie: Filtertechnik. DATZ 41, Heft 4, Seite 42-44, Ulmer Verlag.

[2] Gedankenhilfe: Würde man denselben Fischbesatz, jedoch ohne Filter, auf z w e i 200-l-Aquarien verteilen, dann wäre der Gehalt an Belastungsstoffen in jedem Bekken nur halb so groß. Das heißt, das zusätzliche 200-l-Becken hat die Belastung auf die Hälfte gesenkt; und genau dasselbe erreicht auch der 6-l-Schnellfilter an einem 200-l-Aquarium!

[3] Über die Wasserinhaltsstoffe, ihre Bedeutung, Messung, Grenzwerte, Beeinflussung usw. informiert ausführlich KRAUSEs „Handbuch Aquarienwasser".

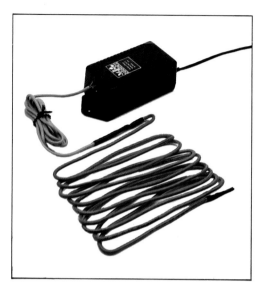

Bild 12-3: Dieses Heizkabel wurde für die Bodenheizung im Pflanzenaquarium entwickelt. Die Sicherheitskleinspannung von 24 Volt sorgt für gefahrlosen Betrieb (Werkfoto Dennerle).

Bild 12-4: Dieser elektronische Zweikreis-Thermostat „Duomat 1200" wurde speziell für Pflanzenaquarien entwickelt. Er kann zwei getrennte Heizkreise steuern, wobei er stets die Bodenheizung bevorzugt und die Wasserheizung nur bei Bedarf zuschaltet (Werkfoto Dennerle).

Bild 13-1: Ein hochwirksamer mechanischer Filter mit Kieselgur, der trübes Wasser in 1-3 Stunden klären kann. Vor Inbetriebnahme muß die Kieselgur im Kurzschluß über die Dreiwegehähne auf dem Filterbett angeschwemmt werden. Genaue Funktions- und Leistungsbeschreibung in KRAUSE: „DIATOMIC-Filter", Aquarien-Magazin 8/1980 Seite 387-389, Franckh Verlag.

Bild 14-3: Diese CO.C.200 Filterstation besitzt zwei Filtereinschübe, die abwechselnd gereinigt werden. Während der eine Einschub als Schnellfilter arbeitet, wird der andere wesentlich schwächer durchströmt und kann anaerobe Phasen erreichen. So werden Schnell- und Langsamfilterung miteinander kombiniert. Außerdem ist ein Diffusionsgerät für die CO_2-Düngung integriert (Werkfoto Dennerle).

ist also unfruchtbar. Biologisch intakte Gewässer haben nur selten wirklich klares Wasser. Zum Beispiel hat der üppig bewachsene Tropenbach auf Bild 14-1 (Seite 102) Trinkwasserqualität und sieht völlig klar aus, doch das Unterwasserfoto Bild 14-2 zeigt nur geringe Transparenz! Fruchtbare Gewässer, also mit Fischen und Pflanzen belebte Seen und Bäche, beinhalten naturgemäß mehr oder minder trübendes Plankton, welches unter anderem die Nahrungsgrundlage für die Fischbrut bildet.

Filterbauarten

Unabhängig von der technischen Bauart des Filters (Außen-, Innen-, Topf-, Rieselfilter usw.) verläuft der biochemische Filterprozeß stets gleichsinnig in Richtung Oxidation der Wasserinhaltsstoffe. Je nach Bauart aber kann der Sauerstoffgehalt im Filterbett verschieden hoch sein; das beeinflußt den Filterwirkungsgrad und entscheidet über die Varianten Schnell- oder Langsamfilter.

Der Sauerstoffgehalt im Filterbett hängt auch ab von der Geschwindigkeit des Wasserdurchlaufes. Deshalb entscheidet die Betriebsweise ähnlich über Qualität und Art der Filterung wie die Bauart des Filters. Daher lassen sich manche Filterbauarten als Schnell- oder als Langsamfilter betreiben.

Langsamfilter sind in der Aquaristik seltene Ausnahmen. Sie sind dadurch gekennzeichnet, daß das ablaufende Wasser allerhöchstens 1,0 mg/l Sauerstoff enthält. Dagegen werden rund 95 % aller Aquarienfilter als Schnellfilter betrieben; bei diesen enthält das ablaufende Wasser 2-8 mg/l Sauerstoff. Im Kapitel „Filterverfahren" wird näher darauf eingegangen.

Innenfilter

Sie sind direkt im Aquarium untergebracht und benötigen weder Zu- noch Ablaufschläuche; somit besteht kein Wasserschadenrisiko. Das Filtervolumen ist aus optisch-ästhetischen Gründen begrenzt, daher sind Innenfilter nicht geeignet für die Intensivfischhaltung, sondern für Aquarien mit naturähnlich mäßig dichtem Fischbesatz.

Einfache Innenfilter bestehen beispielsweise aus einer am Beckenrand festgeklemmten Eintauchpumpe, die das Wasser über eine Schaumstoffpatrone als Filtermaterial ansaugt. Andere Innenfilter haben eine Unterwasserpumpe und lassen sich komplett hinter der Dekoration verstecken. Bild 14-3 auf Seite 99 zeigt eine Innenfilter-Station, die zugleich die Düngung mit Kohlendioxid übernehmen kann.

Viele, aber nicht alle, Innenfilter müssen zur Reinigung komplett aus dem Aquarium genommen werden, dabei triefen sie und hinterlassen Wasserpfützen. Am besten hält man einen Eimer bereit, legt den Filter sofort hinein und transportiert ihn darin zum Reinigungsplatz am Waschbecken oder in der Badewanne.

Außenfilter

Sie werden überwiegend als geschlossene Topffilter angeboten und an beliebiger Stelle außerhalb des Aquariums aufgestellt. Dadurch sind der Filtergröße kaum Grenzen gesetzt. Das Aquarienwasser wird über Schläuche hin- und zurückgeleitet. Auf sichere Schlauchanschlüsse ist besonders zu achten, sonst kann in ungünstigen Fällen das Aquarium leerlaufen; eventuell Schlauchklemmen nachrüsten (siehe Seite 14).

Die Filterreinigung wird erleichtert, wenn man die Verbindungsschläuche mit Absperrhähnen und Trennkupplungen ausrüstet (Zoohandel). Dann läßt sich der Außenfilter sehr leicht vom Aquarium trennen und zum Reinigungsplatz transportieren.

Viele Außenfilter sind mit Heizer und Thermostat ausgerüstet. Das erspart weitere Installationen im Aquarium.

Wenn man einen Teil des Aquariums durch Einkleben einer Glasscheibe abtrennt und als Filter einrichtet, lassen sich die Vorteile des Außenfilters mit der hohen Sicherheit des Innenfilters kombinieren (Bild 14-4).

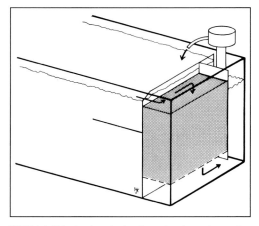

Bild 14-4: Prinzip eines in das Aquarium integrierten Außenfilters. Die Wasserpumpe wurde übertrieben hoch eingezeichnet, um keine wichtigen Einzelheiten zu verdecken.

Außenfilter werden meist als Schnellfilter betrieben mit kleinem Filtervolumen und hohem Wasserdurchsatz. Aber ebenso ist der Betrieb als Langsamfilter möglich mit großem Volumen und niedrigem Wasserdurchsatz; dann kann der Filter – sofern das Wasser oxidierbare organische Verbindungen enthält – denitrifizierend wirken, also den Nitratgehalt senken.

Bodenfilter

In pflanzenlosen Fischaquarien kann der Bodengrund als Filter benutzt werden. Dazu erhält das Aquarium in etwa 1-2 cm Höhe einen Siebboden, der entweder nach der Beschreibung auf Seite 37 leicht selbst angefertigt oder aus käuflichen Elementen erstellt wird. Auf dem Siebboden ruht eine mindestens 3 cm hohe Schicht aus Gruben- oder Flußkies mit 3-5 mm Körnung. Eine Pumpe saugt das Wasser aus der Wasserkammer heraus, so daß die Kiesschicht von oben nach unten durchströmt wird (Bild 14-5).

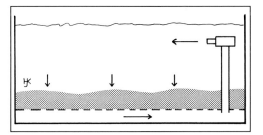

Bild 14-5: Prinzip eines Bodenfilters. Der Kiesboden wird mit Hilfe einer Kreiselpumpe von oben nach unten kräftig durchströmt. Geringe Höhenunterschiede des Bodens stören nicht. – Bodenfilter sind für bepflanzte Aquarien nicht geeignet!

Der Wirkungsgrad eines Bodenfilters ist erstaunlich hoch, insbesondere bei Verwendung einer luftgetriebenen Wasserpumpe (sogenannte Mammutpumpe); derart ausgerüstete Aquarien haben nach der Filtereinlaufzeit einen auffallend niedrigen Ammonium- und Nitritgehalt. Die Standzeit solcher Bodenfilter ist überraschend lang, und nur selten ist eine Reinigung erforderlich; nötigenfalls den Kies mittels Schlauch absaugen und im Eimer auswaschen.

Bodenfilter behindern den Wuchs der Aquarienpflanzen, weil zu viel Sauerstoff in den Wurzelbereich gelangt.

Der Bodenfilter ähnelt zwar technisch gesehen der Bodendurchsickerung (Seite 36), aber weil

Bild 14-1: Dieser Tropenbach ist dicht bewachsen mit Cryptocorynen. Sie gelten bei den Eingeborenen als wertvolle Heil-pflanzen. Das Wasser sieht klar aus und hat Trinkwasserqualität.

Bild 14-2: Das Unterwasserfoto vom Tropenbach auf Bild 14-1 zeigt den üppigen Bestand an Cryptocoryne cordata und außerdem die immer wieder zu beobachtende Tatsache: Biologisch intakte Gewässer sind regelmäßig mehr oder minder stark durch Plankton getrübt.

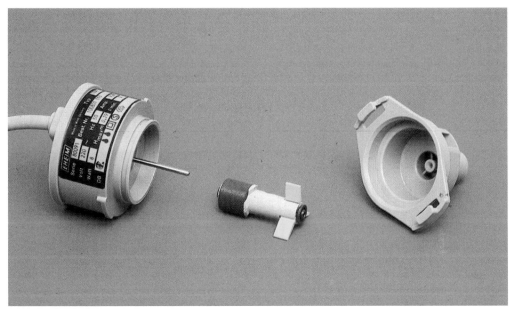

Bild 14-8: Kleinmotorpumpe zerlegt: Der Rotor in Bildmitte ist das einzig bewegliche Teil. Er trägt links einen kräftigen Magneten und rechts die Turbine der Wasserpumpe.

Bild 16-1: Herstellen des pH-Standards. Die rechte Wasserprobe wurde mit einem pH-Indikator eingefärbt und beatmet; sie enthält 60 mg/l CO_2 und bildet den pH-Standard für das betreffende Aquarienwasser. – Bei der linken Wasserprobe wurde das CO_2 mit einer Luftpumpe ausgetrieben; der pH-Wert ist deutlich höher.

103

das Wasser mit viel höherer Geschwindigkeit hindurchläuft, ergeben sich völlig andere biologische Abläufe und Auswirkungen.

Rieselfilter

Die typische Besonderheit eines Rieselfilters besteht darin, daß das Filterbett sehr intensiv mit Luftsauerstoff versorgt wird.

Bei Standardfiltern wird das Filtermaterial ständig vom Wasser umspült, und der für den Filterprozeß notwendige Sauerstoff wird dem durchfließenden Wasser entnommen. Beim Rieselfilter dagegen wird das Filtermaterial nicht unter Wasser getaucht, sondern locker und luftig in eine wasserfreie Kammer gefüllt und von oben mit Aquarienwasser berieselt. Das Wasser sammelt sich am Boden der Kammer und fließt ins Aquarium zurück (Bild 14-6).

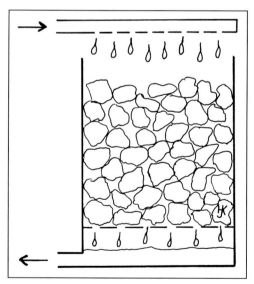

Bild 14-6: Prinzip eines Rieselfilters. Das Wasser tropft auf das locker und luftig eingefüllte Material (z.B. 2-5 cm große Flocken aus Schaumstoff) und rieselt nach unten in das Auffangbecken.

Beim Rieselfilter werden die Kleinlebewesen im Filterbett reichlich mit Sauerstoff versorgt und können dadurch eine hohe Abbauleistung erreichen. Das aus dem Filter abfließende Wasser steht im Gasgleichgewicht mit der Luft, enthält also etwa 8-9 mg/l Sauerstoff und 0,5 mg/l Kohlendioxid. Durch diese Eigenschaften ist der Rieselfilter hervorragend geeignet bei der Intensivfischhaltung.

Der Wirkungsgrad eines Rieselfilters steigt noch, wenn die Filterkammer von unten im Gegenstrom belüftet wird, zum Beispiel mit einer Membranluftpumpe.

Für Pflanzenaquarien eignen sich Rieselfilter nicht. Unter anderem treiben sie das dringend benötigte Kohlendioxid (CO_2) aus dem Wasser heraus und binden wichtige Nährstoffe, wie z.B. Mangan und Eisen. Dieser Mangel ließe sich beheben durch CO_2-Düngung und fortlaufende(!) Zugabe von Nährstoffen, wobei allerdings weitaus größere Mengen als üblich erforderlich sind. Trotzdem zeigen Pflanzenaquarien mit Rieselfilter meist Wuchsprobleme und tendieren zur Bildung von störenden Algen.

Rieselfilter erfordern besonders kräftige Wasserpumpen, weil der Wasserkreislauf hydrostatisch nicht geschlossen ist und die Rieselhöhe kompensiert werden muß. Rieselfilter müssen so konstruiert sein, daß ein Ausfall der Pumpe keine Wasserschäden verursacht, also nicht zum Überlaufen oder gar Auslaufen des Aquariums führen kann!

Weil Rieselfilter streng aerob arbeiten, ist ein Betrieb als biologischer Langsamfilter ausgeschlossen.

Rieselfilter verdunsten erhebliche Mengen an Wasser. Das erfordert spürbar höhere Heizleistungen, denn jeder Liter Wasser bindet beim Verdunsten 720 Wattstunden Energie. Weil häufig Wasser nachgefüllt werden muß, steigt außerdem rasch die Wasserhärte (GH und KH). – Beide Nachteile ließen sich zwar vermeiden, indem man die Filterkammer luftdicht verschließt, dann aber sinkt im Filterbett rasch der Vorrat an Luftsauerstoff, und der eigentliche Sinn des Rieselfilters wird hinfällig!

Tauchkörperfilter

Beim Tauchkörperfilter wird das Filtermaterial periodisch in das Wasser eingetaucht und anschließend dem Luftraum ausgesetzt. Außer der Wasserpumpe ist noch ein Antrieb erforderlich zur Bewegung des Tauchkörpers. Tauchkörperfilter sind auf verschiedene Weise realisierbar, ein Beispiel zeigt Bild 14-7.

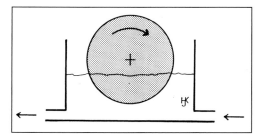

Bild 14-7: Prinzip eines Tauchkörperfilters. Eine oder mehrere saugfähige Scheiben (z.B. Filz, Schaumstoff) tauchen teilweise in das Wasser und kreisen langsam. Die Filterbakterien erhalten regelmäßig neue Nährstoffe und Luftsauerstoff.

Tauchkörperfilter arbeiten ebenfalls streng aerob. Deshalb gelten für sie sinngemäß die gleichen Angaben wie für die Rieselfilter.

Filterpumpen

Früher waren sogenannte Mammutpumpen weitverbreitet, die mit Druckluft aus einer Membranpumpe angetrieben wurden. Sie fielen weithin auf durch ihre blubbernden Laufgeräusche und werden nur noch für einfachste Innenfilter benutzt. Heute haben sich elektrische Kreiselpumpen durchgesetzt. Besonders weit verbreitet sind Kleinmotorpumpen mit wasserdicht vergossener Wicklung und Magnetrotor. Elektrisch gesehen sind es einfachste Synchronmotoren mit einer konstanten Drehzahl von 3000 U/min. Der Rotor trägt zugleich die Wasserturbine und ist das einzig bewegliche Teil. Seine Lager werden vom durchfließenden Wasser geschmiert, sie sind daher empfindlich gegen Trockenlauf und sollten nötigenfalls auswechselbar sein. Im übrigen sind Kleinmotorpumpen wartungsfrei und bedürfen keiner besonderen Pflege. Die wenigen Teile einer Kleinmotorpumpe zeigt Bild 14-8 auf Seite 103.

Diese einfache Bauweise ist nur bei Pumpen kleiner Leistung möglich, denn es ist unmöglich, große Wassermassen schlagartig auf 3000 U/min zu beschleunigen. Daher haben Motorpumpen größerer Leistung einen langsam anlaufenden Asynchronmotor, der meist über eine Magnetkupplung die Turbine in der Wasserkammer antreibt.

Viele Filterpumpen erzeugen trotz gegenteiliger Werbeaussagen laute Laufgeräusche. Oft merkt man das erst zu Hause in der ruhigen Wohnung. Weil Filterpumpen ständig laufen, können ihre Laufgeräusche mit der Zeit äußerst lästig werden. Deshalb vorsorglich beim Kauf einen eventuellen Umtausch vereinbaren.

Pumpleistung herabsetzen

Mitunter besteht der Wunsch, die Leistung einer elektrischen Wasserpumpe herabzusetzen, beispielsweise um die Leistung eines Filters zu ver-

Bild 16-2: Dauer-pH-Meter zeigen durch ihren Farbwechsel ständig den pH-Wert des Aquarienwassers an. In Verbindung mit der CO_2-FIX-Tabelle (nach KRAUSE) läßt sich auch der CO_2-Gehalt ausreichend genau bestimmen (Seite 127).

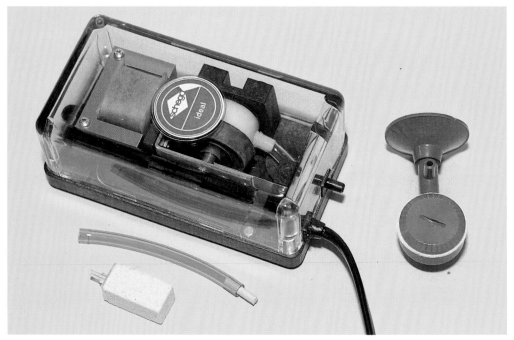

Bild 17-1: Eine Luftpumpe (Membranpumpe) mit transparentem Gehäuse: Links der Elektromagnet, vor dem der Anker schwingt und die schwarze Gummimembrane auf dem weißen Pumpengehäuse antreibt (Fa.Schego). Vorn links ein selbstgebauter Lindenholz-Ausströmer und einer aus gesintertem Sand; rechts ein verstellbarer Filz-Ausströmer (Fa.Jäger).

Bild 16-5: Dieser Druckminderer gehört zur oberen Preisklasse. Er arbeitet zweistufig und erfüllt sehr hohe Ansprüche an Zuverlässigkeit und Regelgenauigkeit. Zwei Manometer informieren über den Vorratsdruck in der Flasche und den Arbeitsdruck in der abgehenden Leitung (Fa. Messer Griesheim).

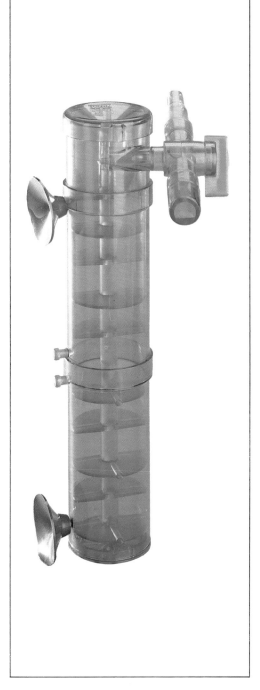

Bild 16-7: Diffusionsgerät Cyclo 5000. Es hat einen ausgezeichneten Wirkungsgrad und wird durch Fremdgase nicht beeinträchtigt. Für kleinere Aquarien wird nur der obere Teil des Gerätes verwendet (Werkfoto Dennerle).

ringern, falls zu viele Pflanzennährstoffe festgelegt werden (siehe Seite 116).

Bei allen Pumpen kann der Durchfluß durch Verengen des Leitungsquerschnittes herabgesetzt werden. Im einfachsten Fall genügt eine teilweise angezogene Klemme auf dem Wasserschlauch. Dabei muß stets die von der Pumpe fortführende Leitung gedrosselt werden, also die Druckseite und niemals die Saugseite! Wird die Pumpe saugseitig stark gedrosselt, so entsteht ein Unterdruck, der aus dem Wasser die Luft herauszieht. Folglich sammeln sich Luftblasen im Pumpengehäuse und behindern die Wasserschmierung der Turbine. Als Warnsignal gibt die Pumpe dann gurgelnde Geräusche von sich, die von den herumgewirbelten Luftblasen stammen.

Der gleiche Effekt kann auch bei schlecht konstruierten Topffiltern passieren, sobald das Filtermaterial etwas zugesetzt ist und die Pumpe nun kräftig saugen muß.

Eleganter, aber nicht bei Kleinpumpen mit Synchronmotor anwendbar, ist das Vorschalten eines Dimmers. Ein einfacher Lampendimmer tut es nicht, er muß für induktive Last geeignet sein. Damit lassen sich Motordrehzahl und Pumpenleistung bis Null herabsetzen. Das Dimmerverfahren ist stromsparend, während beim druckseitigen Schlauchquetschen der Stromverbrauch etwas zunimmt.

Kennlinie Förderhöhe – Durchfluß

Die wichtigsten Daten einer Wasserpumpe sind: maximaler Wasserdurchsatz in Liter pro Stunde (l/h) und maximaler Wasserdruck bzw. maximale Förderhöhe in Meter Wassersäule (mWS). Das Maß mWS ist zwar überholt, wird aber wegen seiner unübertroffenen Anschaulichkeit bei Wasserpumpen noch gerne verwendet. Nach gesetzlichen Vorschriften wäre der Druck anzugeben in bar oder in Pa (Pascal) bzw. hPa (Hektopascal). Bei der Umrechnung hilft Tabelle 14-A.

Die effektive Leistung einer Pumpe hängt ab von den aktuellen Lastbedingungen. Eine Pumpe, die zum Beispiel im Leerlauf 600 Liter Wasser fördert, leistet an einem Filter erheblich weniger. Wie weit der Wasserdurchsatz zurückgeht, hängt ab vom Strömungswiderstand des Filters und von der Kennlinie der Pumpe.

Es sei eine Aquarienpumpe betrachtet, deren Prospektdaten lauten:
Förderhöhe (Druck) max. 1,50 mWS
Wasserdurchsatz maximal 600 l/h

Die Annahme, daß diese Pumpe stündlich 600 Liter Wasser auf 1,50 Meter Höhe fördern könnte, ist falsch. Den Wasserdurchsatz von 600 l/h erreicht sie nur, wenn keine Höhe überwunden werden muß, also wenn sie untergetaucht im Aquarium nur für Umwälzung sorgen soll. Soll aber Wasser hochgepumpt werden, z.B. aus der

Tabelle 14-A: Umrechnung der Druckmaße				
	mWS	Pa	hPa	bar
1 mWS =	–	9807	98,07	0,09807
1 Pa =	0,000102	–	0,01	0,00001
1 hPa =	0,0102	100	–	0,001
1 bar =	10,2	100000	1000	–
Beispiel: 3 mWS = 3 x 0,09807 bar = 0,29421 bar, also rund 0,3 bar				

Badewanne in das Aquarium, so kann diese Pumpe zwar das Wasser bis zu 1,50 m Höhe drücken, aber dort oben fließt kein Tropfen Wasser heraus! Zwischen diesen beiden Grenzzuständen stellt sich entsprechend der äußeren Belastung die tatsächliche Pumpenleistung ein.

Bild 14-9 zeigt den Zusammenhang. Die Kennlinie der Pumpe ist festgelegt durch die max. Förderhöhe (1,5 mWS) und den max. Wasserdurchsatz (600 l/h). Die Widerstandsgerade des Filters geht durch den Nullpunkt und ist mehr oder weniger schräg geneigt. Der Schnittpunkt ergibt den aktuellen Arbeitspunkt A; er zeigt, daß diese Pumpe unter dieser Belastung etwa 280 l/h fördert mit einem Druck von 0,8 mWS.

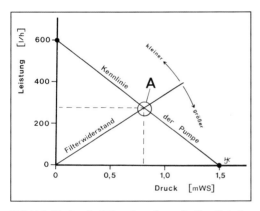

Bild 14-9: Die Leerlauf-Nenndaten legen die Kennlinie der Pumpe fest. Die Filterwiderstandsgerade beginnt im Nullpunkt und schneidet die Kennlinie der Pumpe im Arbeitspunkt A. Die Koordinaten von A geben den tatsächlichen Druck und die Pumpleistung an.

Wenn sich der Filter langsam zusetzt, steigt der Filterwiderstand. Im Diagramm wird die Widerstandsgerade flacher und schneidet nun die Pumpenkennlinie weiter rechts unten in einem neuen Arbeitspunkt. Hier erzeugt die Pumpe einen höheren Druck, um noch Wasser durch den zugesetzten Filter zu drücken, und dementsprechend sinkt der Wasserdurchsatz.

Eine Wasserpumpe ist dann optimal an ihre Last angepaßt, wenn der Wasserdurchsatz auf die Hälfte des Maximalwertes gesunken ist, und dementsprechend der Druck die Hälfte der maximal erreichbaren Wassersäule erreicht. – Man kann auch umgekehrt den halben Maximaldruck am Pumpenausgang vorgeben, dann wird der halbe Maximaldurchsatz erreicht.

Für die Praxis bedeutet dies: Sollen in einem bestimmten Anwendungsfall 200 l/h auf 1 m Höhe gepumpt werden, so ist die geforderte Pumpleistung günstigenfalls nur dann erreichbar, wenn die Kenndaten der Pumpe mindestens doppelt so hoch sind, also 400 l/h max. Durchsatz und 2 mWS max. Förderhöhe! – Weil die Strömungswiderstände in den angeschlossenen Filtern und Schläuchen aber nur selten optimal an die Pumpenkennlinie angepaßt sind, sollte die auszuwählende Pumpe noch höhere Kenndaten aufweisen.

Um Irrtümern vorzubeugen: Bei geschlossenen Topffiltern, also solchen mit Schläuchen für Zu- und Ablauf, spielt es keine Rolle, ob die Filter in Aquarienhöhe oder darunter aufgestellt sind. Der Wasserkreislauf ist hydrostatisch geschlossen, und die Pumpe muß unabhängig von der Höhe des Aufstellplatzes stets den gleichen Druck erzeugen. Anders dagegen bei offenen Wasserkreisläufen, wie zum Beispiel bei Rieselfiltern, hier muß der Pumpendruck um die Rieselhöhe größer sein.

Messen der Pumpleistung

Zum Messen des Wasserdurchsatzes einer Pumpe oder eines Filters fängt man das Wasser auf mit einem Gefäß bekannten Volumens und mißt die zum Füllen erforderliche Zeit. Der Wasserdurchsatz (stündlicher Wasserdurchlauf) läßt sich dann nach folgender Formel errechnen.

Bild 19-2: Teilansicht eines „UV-Wasserklärers" im Betrieb. Der Glasmantel dient als Wasserführung und schirmt zugleich die UV-Strahlung nach außen ab. Die Anschlußstutzen sind gekrümmt, damit auch hier keine UV-Strahlung herausdringen kann.

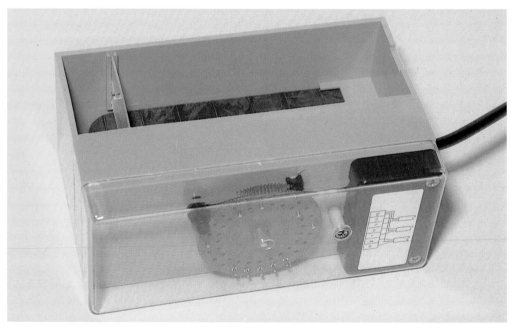

Bild 20-2: Dieser Futterautomat kann Flocken oder Gefriergetrocknetes mehrmals täglich füttern. Außerdem kann er auch die Beleuchtung schalten. Weil das Gerät vom Stromnetz betrieben wird, muß es absolut standsicher befestigt werden (Fa. Dietsche).

Bild 20-1: Eine zuverlässige mechanische Schaltuhr mit Wochenprogramm (Fa Diehl). Für Mittwoch ist die Beleuchtung auf „Regentag" programmiert.

$$\text{Durchsatz (l/h)} = 3600 \, \frac{\text{Gefäßgröße (l)}}{\text{Füllzeit (s)}}$$

Beim Messen darf kein zusätzlicher Höhenunterschied entstehen, sonst wird die Pumpe anders belastet; das Probegefäß muß ggf. zum Teil unter Wasser gedrückt werden. Die Ergebnisse für ein 1,0-l-Probegefäß (z.B. Meßbecher aus der Küche) sind aus Tabelle 14-B ablesbar.

Tabelle 14-B: Messung der Pumpenleistung

Probegefäß 1,0 l

Füllzeit (s)	entspricht Wasserdurchsatz (l/h)
3	1200
4	900
5	720
6	600
7	514
8	450
9	400
10	360
12	300
14	257
16	225
18	200
20	180
22	164
24	150
26	138
28	129
30	120
35	103
40	90
45	80
50	72
55	65
60	60

Filtermaterial

In der Aquaristik werden fast ausschließlich biologische Filter, also Schnell- oder Langsamfilter benutzt. Bei diesen ist das Filtermaterial, auch Substrat genannt, am Filterprozeß grundsätzlich nicht beteiligt. Es dient nur als Siedlungsfläche für die filternden Mikroorganismen, die in ihrer Gesamtheit auch als Filterrasen bezeichnet werden. Deshalb soll das Filtermaterial mikrobenfreundlich sein, sich wasserchemisch neutral verhalten und keine giftigen Stoffe abgeben.

Filtermaterial mit poriger Struktur bietet größere Siedlungsflächen, ist also vorteilhafter. Je größer die innere Oberfläche ist, desto wirksamer kann die Filterung sein.

Besonders bewährt hat sich Filtermaterial, das auch einen Anteil sehr feiner Poren besitzt, in denen das Wasser längere Zeit verweilt, insbesondere wenn sich bakterienreicher Schlamm absetzen kann. Hier bilden sich sauerstofffreie Zonen, in denen Langsamfilterprozesse ablaufen. Solche Filter arbeiten sowohl aerob wie auch – in geringem Umfang – anaerob und können daher dem Nitratanstieg entgegenwirken.

Je nach Anwendung, z.B. im Schnell- oder Langsamfilter, eignen sich andere Materialien. Eine Kurzübersicht zeigt Tabelle 14-C.

Im folgenden werden einige Filtermaterialien näher beschrieben. Die Aufzählung erhebt jedoch keinen Anspruch auf Vollständigkeit.

Glaswatte

Glaswatte oder Glaswolle besteht aus etwa $1/100$ mm dünnen Glasfäden. Sie wurde jahrzehntelang gerne als Filtermaterial verwendet und wird auch noch heute angeboten.

Tabelle 14-C: Filtermaterial und seine Anwendungen

Anwendung	Keramikröhrchen	Kies	Kunststoffkörper	Perlonwatte	Schaumstoffblock	Schaumstoffflocken	Sinterglas	Aktivkohle
mechanischer Vorfilter				X	X			
Schnellfilter (untergetaucht)					X		X	X
Schnellfilter (Rieselfilter)	X	X	X			X		
Langsamfilter					X		X	X
erste Filterschicht				X	X			
letzte Filterschicht					X			

Das Material hat schwerwiegende Nachteile. Beim Waschen des Filtermateriales bohren sich feine Glassplitter in die Hände und lösen tagelangen Juckreiz aus. Noch schlimmer aber: Im Betrieb lösen sich aus dem Filter feine Glassplitter, die in das Aquarienwasser gespült werden und bei Fischen zu ernsten Verletzungen führen im Bauch und an den Kiemen.

Deshalb darf Glaswatte oder Glaswolle keinesfalls im Aquarienbereich verwendet werden!

Keramikröhrchen

Keramikröhrchen sind glatt und haben eine relativ kleine Oberfläche. Sie bieten nur wenig Besiedlungsfläche. Um trotzdem brauchbare Filterleistungen erzielen zu können, muß die relativ kleine Bakterienpopulation mit besonders viel Sauerstoff versorgt werden. Das kann durch intensive Anströmung geschehen oder viel besser noch im Rieselfilter.

Pflanzenliebhaber berichten auffallend oft von schlechtem Wuchs in Aquarien, deren Wasser über Keramikröhrchen gefiltert wird. Die Ursache ist noch nicht sicher geklärt.

Kies

Kiesfilter werden in Wasserwerken nach wie vor gerne verwendet, haben aber in der Aquaristik heute kaum noch Bedeutung. Kies hat eine relativ kleine Oberfläche und bietet nur wenig Besiedlungsmöglichkeiten. Er hat daher ähnliche Eigenschaften wie die Keramikröhrchen.

Kunststoffkörper

Die Kunststoffkörper wurden ursprünglich entwickelt für industrielle Luftwäscher, z.B. in Klimaanlagen. Es sind stark verzweigte Gebilde aus wasserbenetzbarem Kunststoff. Sie werden in der Aquaristik in verschiedensten Formen angeboten und dementsprechend bezeichnet (z.B. Bioball, Bioigel).

Die Form der Kunststoffkörper zeigt, daß sie für hohen Luft- bzw. Wasserdurchsatz ausgelegt sind. Ihre besiedelbare Oberfläche ist nicht sonderlich groß. Deshalb gilt für sie ähnliches wie für Keramikringe: Die relativ begrenzte Bakterienpopulation muß durch gute Sauerstoffversorgung besonders aktiviert werden. Daher sind Kunststoffkörper nur geeignet für Rieselfilter.

Perlonwatte

Perlonwatte wird gerne als Filtermaterial benutzt. Bei hoher Packungsdichte ist ihre Besiedlungsoberfläche entsprechend groß, aber auch der Filterwiderstand hoch. Deshalb muß gute Filterwatte nach dem Zusammendrücken wieder aufspringen und aufbauschen. Diese Eigenschaft hat z.B. Cellulose nicht, und deshalb ist Kosmetikwatte nicht als Filterwatte verwendbar (außerdem ist sie häufig noch imprägniert).

Perlonwatte eignet sich vor allem als mechanischer Vorfilter oder als oberste Filterlage in einem Außenfilter, um den groben Schmutz abzufangen. Dort kann sie des öfteren leicht herausgenommen und ausgewaschen werden. Niemals heiß auswaschen, sonst geht die Bauschfähigkeit sofort verloren!

Perlonwatte darf nicht als letzte Filterschicht benutzt werden. Es besteht die Gefahr, daß einzelne Fäden in das Aquarienwasser gelangen und von Fischen gefressen werden. Weil die Perlonfäden unverdaulich sind, können die Fische daran eingehen wegen Darmverstopfung. Wird Perlonwatte in einem Filter verwendet, dann muß die letzte Schicht zum Beispiel aus Schaumstoff bestehen, damit lose Fäden aufgefangen werden.

Schaumstoff

Weich-Schaumstoff aus Polyurethan (PUR) ist ein langbewährtes Filtermaterial. Bei seiner Herstellung entsteht Kohlendioxid, das den Kunststoff aufschäumt und die Poren im Schaumstoff erzeugt. Die meisten Poren bilden geschlossene Hohlräume; das ist aquaristisch unerwünscht. Schaumstoff für Aquarienfilter wird deshalb mit Ultraschall-Druckwellen behandelt, um die geschlossenen Poren aufzureißen und durchgängig offenporigen Schaumstoff zu erhalten.

Schaumstoff läßt sich auf seine Porenbeschaffenheit und damit auf seine aquaristische Eignung prüfen, indem man ihn an den Mund drückt und versucht hindurchzublasen.

Filterschaumstoff hat eine große innere Oberfläche, denn 1 cm^3 kann eine Besiedlungsfläche bieten von etwa 20-25 cm^2 Größe. Deshalb eignet er sich sehr gut für aerobe Schnellfilter, aber auch für anaerobe Langsamfilter, weil bei langsamer Durchströmung oder leicht zugesetztem Filter in den zahlreichen feinen Poren anaerobe Zonen entstehen können. Diese Eigenschaften machen den Schaumstoff zum einem überaus bewährten Filtermaterial!

In Rieselfiltern ist Schaumstoff in etwa 2-4 cm großen Flocken verwendbar.

Sinterglas

Sinterglas besteht aus feinen Glaskörnern, die unter hoher Temperatur, aber noch unterhalb der Glasschmelze, zusammengebacken wurden. Das aquaristisch verwendete Sinterglas ist nur schwach gesintert und daher offenporig.

Die innere Oberfläche des offenporigen Sinterglases ist sehr groß, denn 1 cm^3 (etwa 1,5 g) bietet rund 7.000 cm^2 Besiedlungsfläche. Sinterglas ist auch im Langsamfilter verwendbar, kann also bei entsprechender Betriebsweise denitrifizierend (nitratsenkend) wirken.

Sinterglas verliert durch Abrieb ständig feine Glaskrümel. Im Filter sollte daher die letzte Schicht feinporiger Schaumstoff sein, um den Abrieb aufzufangen. Jedoch sind bisher keine Unfälle bekannt geworden.

Aktivkohle

Aktivkohle ist kein normales Filtermaterial. Sie besitzt die Fähigkeit, viele großmolekulare Stoffe zu adsorbieren. Deshalb wird Aktivkohle seltener in üblichen Aquarienfiltern benutzt, sondern hauptsächlich zum Entfernen von Medikamenten, Farb- oder Giftstoffen. Näheres hierzu im Kapitel „Aktivkohlefilter" auf Seite 121 ff.

Aktivkohle kann auch im Aquarienfilter gute Dienste leisten, und zwar im Schnell- wie auch im Langsamfilter. Sie besitzt zahlreiche außerordentlich feine Poren: 1 cm^3 Aktivkohle (etwa 0,25 g) hat eine innere Oberfläche von rund 1.000.000 cm^2 entsprechend einer Fläche von 10 x 10 Metern!

Untersuchungen an stark belasteten Industrieabwässern haben ergeben, daß auf der äußeren Oberfläche der Aktivkohle aerobe und gleichzeitig im Inneren anaerobe Prozesse ablaufen können. Es zeigte sich, daß dadurch auch relativ resistente Stoffe plötzlich biologisch leicht abbaubar werden. In der Aquaristik wurden diese Eigenschaften bisher kaum untersucht oder genutzt.

Torf

Torf ist als biologisches Filtermaterial nicht geeignet. Er enthält sehr große Mengen an Huminstoffen und Huminsäuren. Diese wirken konservierend und behindern die Ansiedlung von Mikroorganismen. Deshalb soll Torf nicht im Aquarienfilter benutzt werden.

Wenn eine Torfbehandlung erwünscht ist, dann sollte das unabhängig vom eigentlichen Aquarienfilter geschehen. Zum Beispiel kann eine mit Torf gefüllte Durchlaufpatrone an den Auslauf des Aquarienfilters angeschlossen werden. – Ähnlich wirksam ist ein mit Torf gefüllter Gaze-

beutel, der im Aquarium versenkt wird. Der Beutel schwimmt anfangs auf und muß mit einem Stein beschwert oder festgebunden werden.

Torf kann – ähnlich wie ein Ionenaustauscher – Härtebildner aufnehmen und Huminsäuren abgeben, er läßt sich daher unter bestimmten Voraussetzungen zum Enthärten und Ansäuern des Wassers verwenden. Näheres in KRAUSEs „Handbuch Aquarienwasser".

Die Qualität des heute angebotenen Torfes läßt häufig zu wünschen übrig. Infolge Umweltbelastung enthält Torf heute regelmäßig Ammonium, Nitrat und Phosphat. Auch ein Gehalt an fischgiftigen Pestiziden kann nicht mehr ausgeschlossen werden[1].

[1] KRAUSE (1991): Torf und Aquarienwasser – heute. DATZ 6/91, S. 391-392.

Filtermaterial – kurz und bündig

- Filtermaterial soll wasserchemisch neutral sein und darf keine giftigen Stoffe abgeben.
- Für biologische Filter muß es wasserbenetzbar sein und besiedlungsfreundlich für Mikroorganismen.
- Große innere Oberflächen ermöglichen die Ansiedlung eines leistungsfähigen Filterrasens.
- Je nach Anwendung (z.B. Schnell- oder Langsamfilter) eignet sich verschiedenes Filtermaterial, bei der Auswahl hilft Tabelle 14-C auf Seite 113.

Richtige Filtergröße

Wird nach der richtigen Filtergröße gefragt, so lautet oft die Antwort: „So groß wie möglich". Das ist falsch! Die im Aquarium gepflegten Fische benötigen aus verschiedenen Gründen einen Mindestgehalt an organischen Verbindungen im Wasser.

Reines, sauberes Wasser wirkt unter anderem aggressiv auf die Schleimhäute, und deshalb gibt man beim Wasserwechsel als Starthilfe ein Schutzkolloid („Frischwasserzusatz") hinzu; später enthält das Aquarienwasser ausreichende Mengen an biologisch entstandenen Schutzkolloiden. Solche und andere wichtige Stoffe fehlen, wenn vor allem Schnellfilter zu groß dimensioniert werden!

Auch Aquarienpflanzen mögen keine intensive Schnellfilterung, weil Nährstoffchelate zu rasch aufgebrochen und wichtige Nährstoffe ausgefiltert werden.

Die richtige Filtergröße bzw. Filterleistung hängt nicht ab – wie oft gemeint wird – von der Größe eines Aquariums. Sondern sie hängt ab vom Anfall an Verschmutzungen, also vom Fischbesatz! So muß ein mit 120 Neonfischen reichlich besetztes 80-Liter-Becken sehr kräftig gefiltert werden; dagegen benötigt ein 500-l-Pflanzenaquarium mit nur 30 Neonfischen überhaupt keinen Filter, weil die biologische Eigenfilterung des Aquariums vollauf genügt.

Genauer betrachtet, entscheidet über die notwendige Filterleistung auch nicht der Fischbesatz, sondern die Futtermenge, die in das Aquarium gelangt und vom System verarbeitet werden muß. Es spielt dabei keine Rolle, ob das Futter ungefressen im Aquarium verdirbt, oder ob es einen Umweg über den Fischdarm nimmt. Die Filterbelastung ist in beiden Fällen praktisch die gleiche!

Der Filterbedarf eines Aquariums und die biologische Leistung eines Filters lassen sich mit einigem Aufwand exakt messen, z.B. über den „**B**iologischen **S**auerstoff-**B**edarf in **5** Tagen" (BSB5). Näheres in KRAUSEs „Handbuch Aquarienwasser".

Man kann sich aber auch behelfen, indem man den Filter zunächst gemäß einer Faustregel auswählt und nach der Einlaufzeit seine Wirksamkeit kontrolliert; dann wird gegebenenfalls seine Leistung korrigiert. Je nach Fischbesatz muß das Aquarienwasser in der Zwischenzeit sorgfältig überwacht werden, um eventuellen Katastrophen zuvorzukommen.

Schnellfilter

Für Schnellfilter kann die Faustregel in Tabelle 14-E benutzt werden.

Tabelle 14-E: Faustregel für die Größe biologischer Schnellfilter

Je 1 Liter Aquariumgröße:
Filtervolumen 0,005 l
Wasserströmung 0,5-1,0 l/h

Aquarium- größe (l)	Filtergröße	
	Volumen (l)	Durchsatz (l/h)
50	0,25	25 - 50
100	0,5	50 - 100
150	0,75	75 - 150
200	1,0	100 - 200
250	1,25	125 - 250
300	1,5	150 - 300
400	2,0	200 - 400
500	2,5	250 - 500
700	3,5	350 - 700
1000	5,0	500 -1000

War ein Schnellfilter mindestens 1-2 Monate lang ungestört in Betrieb, läßt sich seine Wirkung beurteilen:

– Die Filterleistung ist eindeutig zu gering, wenn trotz genügender Einlaufzeit immer noch mehr als 0,2-0,5 mg/l Nitrit meßbar sind (Nitrit ist die Vorstufe zum Nitrat beim aeroben Filterprozeß). – Zur Abhilfe Durchsatz und/oder Volumen erhöhen.

– Die Filterleistung ist zu stark, wenn Nitrit nur in Spuren unter 0,02 mg/l nachweisbar ist (Nitrit ist in solchen Mengen absolut harmlos, der Speichel des Menschen enthält 1-10 mg/l Nitrit). Dann kann als sicher gelten, daß viele pflanzen- und fischwichtige Substanzen zu rasch oxidiert und ausgefiltert werden. – Zur Abhilfe Durchsatz und/oder Volumen verringern.

Tabelle 14-F: Faustregel für die Größe biologischer Langsamfilter

Je 1 Liter Aquariumgröße:
Filtervolumen 0,05 l
Wasserströmung 0,05-0,1 l/h

Aquarium-größe (l)	Filtergröße	
	Volumen (l)	Durchsatz (l/h)
50	3	3 - 5
100	5	5 - 10
150	8	8 - 15
200	10	10 - 20
250	13	13 - 25
300	15	15 - 30
400	20	20 - 40
500	25	25 - 50
700	35	35 - 70
1000	50	50 -100

Langsamfilter

Im Vergleich zum Schnellfilter dürfen gut funktionierende biologische Langsamfilter nur etwa $1/100$ so stark durchströmt werden. Das bedeutet rund 10faches Filtervolumen und gleichzeitig $1/10$ Wasserdurchsatz. Hierauf basiert die Faustregel in Tabelle 14-F.

Beim Langsamfilter läßt sich die Leistung schwieriger beurteilen, weil er bei ordnungsgemäßer Arbeit weder Nitrat noch Nitrit liefert. Hier bleibt für den Hobbybereich nur die Messung des BSB5 im Aquarienwasser übrig. Grobe Fehlentscheidungen mit Katastrophenwirkung sind jedoch nicht zu erwarten, denn die Natur ist in weiten Grenzen anpassungsfähig und kann gerade beim großflächigen Langsamfilter die Möglichkeit nutzen, dem tatsächlichen Bedarf entsprechend leistungsfähige Mikrobenkolonien zu entwickeln.

Im Gegensatz zum Schnellfilter sind Überfilterungen praktisch ausgeschlossen, weil ein Langsamfilter – wie auch Fische und Pflanzen – zu seiner Funktion einen Mindestgehalt an oxidierbaren organischen Verbindungen verlangt und keine Spurenelemente herausfiltert.

Einfahren des Filters bzw. Aquariums

Jeder neue Filter – und jedes neue Aquarium – braucht mehrere Wochen, bis sich genügend leistungsfähige Bakterienkolonien entwickelt haben. Bis dahin besteht für die Fische akute Vergiftungsgefahr vor allem durch Ammonium und Nitrit! Nur sehr zurückhaltend füttern! Das Wasser muß insbesondere auf seinen Nitritgehalt überwacht werden. Gehalte von 1,0 mg/l Nitrit und darüber sind akute Warnsignale und zwingen zum sofortigen Handeln. Teilwasserwechsel! Erst nach der Einfahrzeit kann ein biologischer Filter seine Wirkung entfalten.

Durch Impfen kann man das Einfahren eines Filters beschleunigen. Hierzu nimmt man ein Stück gebrauchtes Filtermaterial von einem anderen Aquarium und legt es mit in den neuen Filter hinein. Oder man hält das alte Material vor die Ansaugöffnung des neuen Filters, drückt es mehrmals kräftig aus und läßt die Dreckwolke ansaugen; ein Teil davon kann wieder am Filterauslauf erscheinen und erst bei einem späteren Durchlauf hängen bleiben.

Wenn der Filter u n d das Aquarium neu sind, ist die Gefahr einer Fischvergiftung ganz besonders groß, denn weder der Filter noch die Eigenfilterung des Aquariums sind funktionsfähig. Besonders Anfänger erleben hier schwere Fischverluste und verlieren dadurch nicht selten sofort die Lust am Hobby.

Am sichersten fährt man ein ganz neues Aquarium so ein: Vollständig einrichten und Aquarienpflanzen einsetzen, mindestens die Hälfte davon sollen raschwüchsige Arten sein, z.B. Cabomba, Ceratopteris, Egeria, Elodea, Limnophila, Myriophyllum; man kann sie später gegen andere Pflanzen auswechseln. Und nun das Wichtigste: K e i n e F i s c h e e i n s e t z e n ! Aber täglich füttern, und zwar genau so, als ob Fische vorhanden wären!

Das Wasser wird auf diese Weise organisch belastet, wie es ähnlich dem späteren Betrieb entspricht. Für die Filterbakterien und deren Entwicklung ist es ziemlich gleichgültig, ob das zugesetzte Futter im Wasser verdirbt oder nach einem Umweg über den Fischdarm als Kot das Wasser belastet. In jedem Fall wird sich ein leistungsfähiger Mikrobenrasen im Aquarium und im Filter entwickeln, ohne daß zwischendurch Fischvergiftungen passieren können. – Anfangs wird das Wasser trüben. Wenn 2-4 Wochen spä-

ter nach dem Ammoniumpeak auch der nachfolgende Nitritpeak vorüber ist, also nur noch weniger als etwa 0,2 mg/l NO_2 meßbar sind, können gefahrlos die Fische eingesetzt werden.

Dieses Einfahrverfahren für neue Aquarien ist absolut sicher. Es kann nur scheitern, wenn nicht eiserne Zurückhaltung geübt wird und vorzeitig Fische eingesetzt werden.

Einzelheiten über die wasserchemischen Prozesse beim Einfahren sind beschrieben auf Seite 94.

Filterpflege

Aquarienfilter arbeiten fast ausnahmslos biologisch. Ihre Funktion verdanken sie also bestimmten Kleinlebewesen, auf deren Lebensansprüche hinreichend Rücksicht genommen werden muß. Daraus ergeben sich einige Regeln für den Umgang mit Aquarienfiltern.

Bei rein mechanisch arbeitenden Filtern ist tägliches Reinigen zweckmäßig. – Dagegen sollen biologische Aquarienfilter, womit der fast ausschließlich benutzte Schnellfiltertyp gemeint ist, erst dann gereinigt werden, wenn der Wasserdurchlauf deutlich nachläßt. Sonst werden die biochemischen Abläufe zu häufig gestört und benötigen unter Umständen wieder längere Einfahrzeiten. Wenn bei Aquarien mit Intensivfischhaltung der Filter häufiger als in monatlichen Abständen gereinigt werden muß, so ist sein Volumen zu klein gewählt.

Bei Aquarien mit ausgewogener Gesellschaft von Fischen und Pflanzen machen aufmerksame Beobachter immer wieder eine interessante Erfahrung: Der Pflanzenwuchs ist meist dann am schönsten, wenn sich der Schnellfilter nach längerem Betrieb weitgehend zugesetzt hat! Die

Ursache liegt eindeutig darin, daß der zugesetzte Schnellfilter allmählich die Eigenschaften eines Langsamfilters annimmt. Man kann diesen Zustand – außer bei Intensivfischhaltung – durchaus längere Zeit beibehalten, wobei z.B. auch Skalare und sogar Diskusfische unverändert laichwillig sind und Nachzuchten bringen.

Eingefahrenes Filtermaterial darf niemals heiß ausgewaschen oder gar mit Putzmitteln bearbeitet werden. Der Mikrobenrasen soll erhalten bleiben. Deshalb nur in handwarmem Wasser vorsichtig ausdrücken! Am besten benutzt man dazu kein Leitungswasser, sondern einen Eimer voll Aquarienwasser, das anschließend fortgeschüttet wird. Es schadet nichts, wenn der Filterschaumstoff nach der Reinigung noch etwas Filterschlamm enthält und sich noch klebrig anfühlt, ganz im Gegenteil!

Steht ein eingefahrener Filter einmal kurze Zeit still, beispielsweise über Nacht, so verändert sich im Filterbett das Milieu. Je nach Einzelbedingungen sinkt der Sauerstoffgehalt mehr oder weniger tief, wodurch reduktiv Lösungsprozesse auftreten können. Der Mikrobenrasen wird während der kurzen Zeit überraschend wenig beeinträchtigt, denn nach dem Wiedereinschalten erholen sich die Filterbakterien erstaunlich schnell, und der Filter arbeitet binnen weniger Stunden wieder wie zuvor. – Bei großen und stark belasteten Filtern hat das über Nacht gestandene Wasser mitunter einen üblen Geruch und sollte beim Wiedereinschalten des Filters nicht in das Aquarium gelangen, sondern fortgeleitet werden. Wird das vergessen, so löst das nicht zwangsläufig Katastrophen aus; sie werden zwar in der Literatur immer wieder prophezeit, sind mir aber in 45jähriger Aquarienpraxis niemals bekannt geworden.

Nicht wenige, erfahrene Pflanzenfreunde schalten über Nacht sogar grundsätzlich den Filter aus. Das läßt sich leicht automatisieren, indem man Beleuchtung und Filter gemeinsam von einer Schaltuhr steuern läßt. Am Morgen erhalten die Pflanzen mit Beginn der Lichtperiode einen Nährstoffschub, der sie sichtlich besser wachsen läßt. Bei nur mäßigem Fischbesatz gibt es keinerlei Probleme; im Zweifelsfall anfangs den Gehalt an Sauerstoff (O_2), Ammonium (NH_4) und Nitrit (NO_2) überwachen! Näheres über Analysen, Grenzwerte und Beeinflussung aller wichtigen Wasserinhaltsstoffe in KRAUSEs „Handbuch Aquarienwasser". Ich habe das Verfahren ausprobiert und praktiziere es mit bestem Erfolg seit Jahren.

Aquarienfilter – kurz und bündig

– Gut bepflanzte Aquarien mit mäßigem Fischbesatz brauchen keinen zusätzlichen Filter; es genügt die Eigenfilterung des Aquariums.

– Überflüssige oder zu kräftige Schnellfilter oxidieren zu stark und behindern dadurch den Pflanzenwuchs.

– Bei Pflanzenaquarien den Filterauslauf nicht in das Wasser zurückplätschern lassen (zu viel O_2-Eintrag, zu hohe CO_2-Verluste), sondern unter Wasser ausströmen lassen und die Oberfläche wenig bewegen.

– Die zu wählende Filterbauart (Innen-, Außen- oder andere Filter) richtet sich nach der Art des Aquariums. Für Intensivfischhaltung sind beispielsweise andere Bauarten zweckmäßig wie für pflanzenbetonte Schauaquarien.

– Die Filtergröße bzw. -leistung richtet sich nicht nach der Aquariumgröße, sondern nach dem Fischbesatz und der Futtermenge. Für den Anfang kann ein Filter nach den Tabellen 14-E oder 14-F gewählt werden. Nach der Einfahrzeit sollte der tatsächliche Filterbedarf kontrolliert werden (siehe Seite 117).

– Neue Filter bzw. neues Filtermaterial können noch nicht biologisch filtern; erst nach der Einfahrzeit (etwa 2-4 Wochen) sind sie funktionsfähig.

– Bis zum Abschluß der Einfahrzeit besteht ernste Vergiftungsgefahr durch Ammonium und Nitrit! Unbedingt wasserchemisch überwachen!

– Durch Impfen mit gebrauchtem Filtermaterial wird das Einfahren unterstützt und die Zeit abgekürzt.

– Auch auf rein mechanischen Filtern siedeln sich allmählich Bakterien an und beginnen biologisch zu filtern.

– Je nach Filterbauart ist meist anderes Filtermaterial geeignet; siehe auch die Kurzübersicht auf Seite 14-C.

– Biologische Filter frühestens dann reinigen, wenn der Wasserdurchlauf deutlich nachläßt. Besonders wichtig bei bepflanzten Aquarien!

– Das Filtermaterial darf nur schonend in handwarmem (Aquarien-)Wasser gewaschen werden. Die Bakterienkolonien müssen erhalten bleiben.

– Nicht alle Filter-Endprodukte werden von den Pflanzen aufgenommen, sondern können das Wasser anreichern bis zur Unverträglichkeit. Daraus folgt zwingend: Auch der beste Filter macht den Wasserwechsel nicht überflüssig!

15. Aktivkohlefilter

Aktivkohlefilter zählen nicht zu den üblichen, meist biologisch arbeitenden Aquarienfiltern. Sie werden normalerweise auch nicht im Dauerbetrieb an den Wasserkreislauf des Aquariums angeschlossen, sondern nur in besonderen Fällen vorübergehend eingesetzt.

Wann über Aktivkohle filtern?

Durch Filtern über Aktivkohle lassen sich aus dem Aquarienwasser viele großmolekulare Stoffe entfernen, wie zum Beispiel die überschüssigen Medikamente nach einer Krankheitsbehandlung. Aktivkohle bindet unter anderem auch Huminstoffe, Ölspuren (z.B. von Kompressoren) sowie die meisten Farb- oder Geruchsstoffe.

Auch bei der Aufbereitung von Leitungswasser können Aktivkohlefilter wertvolle Hilfe leisten. So zum Beispiel wird gechlortes Wasser sofort gebrauchsfähig, weil Aktivkohle die Reaktionen bzw. den Umsatz des Chlors und seiner ähnlich stark oxidierenden Verbindungen katalytisch[1] beschleunigt und damit das Wasser rasch chlorfrei macht.

Außerdem eignen sich Aktivkohlefilter, um viele – aber leider nicht alle – Schädlingsbekämpfungmittel (Pestizide), von denen etliche für Fische höchst giftig sind, aus dem Wasser zu entfernen.

Pestizide aller Art, also Herbizide, Fungizide, Insektizide usw., können aus landwirtschaftlichen Betrieben in die Gewässer geraten, und zwar auch in das Grundwasser hinein. Viele dieser Schadstoffe sind biologisch nur schwer abbaubar und geraten später in das Trinkwasser. Die im Trinkwasser zulässigen Grenzwerte liegen zwar bei nur 0,0001 mg/l, wobei nach heutigem Stand der Erkenntnisse der Mensch auch bei lebenslangem Genuß solchen Trinkwassers keinen Schaden erleidet. Aber diese Grenzwerte müssen nicht auch für Fische gelten! Erstens reagieren andere Tierarten oft anders, zweitens ist der Fisch im Wasser solchen Schadstoffen viel intensiver ausgesetzt: Er nimmt sie nicht nur über den Verdauungstrakt auf, sondern auch über seine Haut und insbesondere über die Kiemen. Folglich können die für den Menschen bemessenen Grenzwerte für den Fisch schon entschieden zu hoch sein.

Hierin liegt der Grund, weshalb viele Züchter von empfindlichen Fischen das Leitungswasser grundsätzlich über Aktivkohle filtern. Pestizide werden zwar auch bei der Umkehrosmose – nicht beim Ionenaustausch! – entfernt (Näheres in KRAUSEs „Handbuch Aquarienwasser"), aber anschließend muß dem so gewonnenen Wasser aus osmotischen Gründen unbedingt wieder etwas Leitungswasser zugemischt werden.

Aktivkohle

Aktivkohle wird hergestellt zum Beispiel aus Holz, das unter Luftabschluß auf 500-900 °C erhitzt wird. Aus dem Rohmaterial spaltet sich dabei Wasser ab (Dehydratisierung). Besondere Zusätze, wie etwa Zinkchlorid, Kaliumsulfid oder Phosphorsäure, unterstützen den Prozeß. Die Reste dieser Hilfsstoffe sowie deren Reaktionsprodukte werden abschließend herausgewaschen.

---

[1] Ein Katalysator beschleunigt allein durch seine Gegenwart chemische Reaktionen.

121

Aktivkohle wird in verschiedenen Körnungen in den Handel gebracht. Je feiner das Korn, desto rascher die Arbeitsgeschwindigkeit. Aquaristisch geeignet sind Korngrößen um 1,5 mm, dann läßt sich das Filterbett noch gut durchströmen und in einer Filterkammer einschließen.

Aktivkohle besitzt eine außerordentlich große innere Oberfläche und kann deshalb beachtliche Mengen an organischen Stoffen adsorbieren. Unter Adsorption versteht man die physikalische Anlagerung an der Oberfläche, es findet keine chemische Bindung statt. Aktivkohle hat je 1 cm^3 (etwa 0,25 g) eine innere Oberfläche von 75-500 m^2. Das bedeutet: Eine Filterfüllung mit 1 Liter Aktivkohle stellt eine Adsorptionsfläche zur Verfügung in der Größe von 10-68 Fußballfeldern[1]!

Filtergeschwindigkeit

Der Adsorptionsprozeß verlangt viel Zeit, weil das Wasser nur langsam die feinen Poren der Aktivkohle durchdringen kann. Umfangreiche Untersuchungen ergaben, daß die Verweilzeit im Filter mindestens 5 Minuten betragen muß; besser – auch hinsichtlich Ausnutzungsgrad der Aktivkohle – sind 10 Minuten.

Das heißt für die Aquarienpraxis: Innerhalb von 10 Minuten soll ein Filter nur so viel Wasser liefern, wie sein Volumen an Aktivkohle ausmacht. Beispiel: In 10 Minuten soll ein Filter mit 0,5 Liter Aktivkohle höchstens 0,5 Liter Wasser liefern! Läuft das Wasser wesentlich schneller hindurch, so wird es nur unvollständig gereinigt. Bei einem Filter i m Aquarium ist das ohne Belang, weil das Aquarienwasser im Kreislauf erneut durch den Filter gepumpt wird. Aber bei einem

Aktivkohlefilter, der Pestizide aus dem Leitungswasser entfernen soll und nur einmal durchlaufen wird, muß diese lange Verweilzeit unbedingt eingehalten werden. Sonst nützt der Filter nichts!

Kapazität

Die Standzeit eines Aktivkohlefilters läßt sich kaum voraussagen. Ebensowenig läßt sich mit einfachen Mitteln feststellen, ob ein Filter erschöpft ist. Eine gute Aktivkohle kann je 1 kg (etwa 4 Liter) grob genähert 75 mg Pestizid aufnehmen. Aber diese Angabe nützt wenig, weil weder die Adsorberkapazität der Kohle genau bekannt ist, noch die tatsächliche Belastung des Wassers mit einem Pestizid und eventuell noch weiteren konkurrierenden organischen Stoffen.

Bei der vorsorglichen Behandlung von Leitungswasser mag folgender Anhalt zum Abschätzen der Kapazität dienen: Nach der Trinkwasser-Verordnung (Dez. 1990) ist ein Gesamtgehalt an Pestiziden zulässig von 0,0005 mg/l. Unterstellt man diesen Wert, so wäre 1 Liter (etwa 0,25 kg) guter Aktivkohle nach dem Durchlauf von 37,5 Kubikmetern Leitungswasser erschöpft. Ein wesentlich früherer Wechsel schadet nicht und dient der Sicherheit, denn die Qualität der Kohle dürfte kaum bekannt sein, und außerdem könnte das Wasser noch weitere adsorbierbare Stoffe enthalten, die die Kapazität der Kohle beanspruchen.

Aquarienwasser enthält weitaus mehr adsorbierfähige Substanzen als Trinkwasser. Deshalb kann ein 1-Liter-Kohlefilter am Aquarium schon durch 500 Liter Wasser erschöpft sein.

Die Qualität einer Aktivkohle läßt sich am besten prüfen im Vergleich mit anderen Sorten. Hierzu füllt man einen Filter mit genau 100 cm^3

---

[1] Ein Fußballspielfeld ist 7350 m^2 groß.

Aktivkohle. Dann setzt man eine Lösung an aus 10 mg Methylenblau auf 1 Liter Wasser und läßt sie mit einer Geschwindigkeit von höchstens 3 Tropfen pro Sekunde durch den Filter laufen (entspricht etwa 10 ml/min). Anfangs ist der Ablauf klar, weil die Aktivkohle den Farbstoff adsorbiert. Sobald die Aktivkohle erschöpft ist, erscheint im Ablauf blaues Wasser. Die bis dahin durchgelaufene Wassermenge ist ein Maß für die Adsorberkapazität. – Die Prüfung läßt sich auch mit anderen Farbstoffen durchführen, aber weil die Kapazität je nach Belastungsstoff verschieden sein kann, müssen die Ergebnisse nicht deckungsgleich sein.

Praxis

Adsorption und Schlupf sind proportional der Stoffkonzentration. Das heißt, die Aktivkohle nimmt nicht alle adsorptionsfähigen Stoffe auf, sondern läßt stets einen kleinen Anteil hindurch. Je geringer der Gehalt im zulaufenden Wasser, desto weniger nimmt zwar die Kohle auf, aber desto geringer ist auch der Gehalt im Ablauf.

Deshalb ist die Bauform eines Aktivkohlefilters wichtig. Kurze gedrungene Filter brechen leicht durch, das heißt, im Filterauslauf erscheint bald ungefiltertes Wasser. Dagegen haben schlanke Filter den besten Wirkungsgrad und die höchste Reinigungswirkung: Die Aktivkohle im Einlauf nimmt die größte Last auf (und hat den größten Schlupf), aber die Kohle am Filterende wird kaum noch belastet (und hat so gut wie keinen Schlupf)!

Frische Aktivkohle enthält viel Luft und treibt im Wasser leicht auf. Deshalb schließt man die Aktivkohle im Filter beiderseits mit je einem offenporigen Schaumstoffblock ein und läßt das Wasser von unten nach oben durch den Filter strömen. So können Lufteinschlüsse leichter

entweichen, und die Aktivkohle kann als kompakte Filterschicht ohne wesentliche Kanalbildung arbeiten (Bild 15-1).

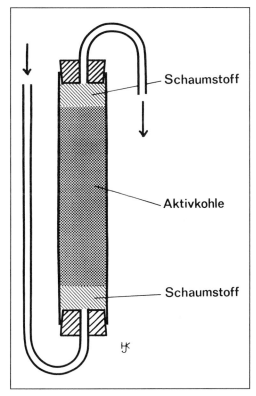

Bild 15-1: Aktivkohlefilter sollen schlank sein und von unten nach oben durchströmt werden. Die Zuleitung (links) kann mit einer Schlauchklemme gequetscht werden, um den erforderlichen l a n g s a m e n Durchlauf zu realisieren.

Wer sehr viel Wasser und damit viel Aktivkohle braucht, sollte zwei Einzelfilter hintereinander schalten. Der erste übernimmt die Hauptlast, während der zweite die Endreinigung vollzieht. Nach Erschöpfung des ersten ist aber der zweite bei höherer Schadstoffkonzentration noch aufnahmefähig; dieser wird nun als erster Filter benutzt und ein frischer zweiter nachgeschaltet.

123

Verbrauchte Aktivkohle läßt sich nur bei sehr hoher Temperatur und unter hohem Druck regenerieren. Das ist im Hobbybereich unmöglich. Verbrauchte Aktivkohle muß also weggeworfen und durch neue ersetzt werden.

Aktivkohle sondert anfangs oft noch Rückstände aus dem Herstellungsprozeß ab. Die Mengen sollten möglichst gering sein, nötigenfalls muß man den Filter mit entsalztem Wasser langsam spülen. Zur Prüfung weicht man eine Probe Aktivkohle im doppelten Volumen entsalzten Wassers ein. Nach 24 Stunden sollte die Leitfähigkeit des Wassers nicht über 300 µS/cm angestiegen sein und der pH-Wert den Bereich 5-9 nicht überschreiten. Die abgesonderten Rückstände dürfen keinesfalls fisch- oder pflanzengiftig sein, deshalb unbedingt nur Aktivkohle von aquaristisch bewährten Lieferanten verwenden!

Aktivkohlefilter – kurz und bündig

– Aktivkohle adsorbiert u.a. Medikamente und fischgiftige Pflanzenschutzmittel (Pestizide).

– Filter nur sehr langsam durchströmen! Innerhalb von 10 Minuten soll ein Filter nur so viel Wasser liefern, wie sein Volumen an Aktivkohle ausmacht.

– Schlanke Bauformen haben die beste Reinigungswirkung und Standzeit.

– Erschöpfte Aktivkohle ist nicht auswaschbar, sie muß durch neue ersetzt werden.

– Frische Aktivkohle gibt meist noch Reststoffe aus der Herstellung ab; evtl. prüfen.

– Nur aquarienerprobte Sorten benutzen!

---

16. Kohlendioxid(CO_2)-Düngung

Vor wenigen Jahrzehnten noch war in der Aquaristik die Zugabe von Kohlendioxid gänzlich unbekannt. Das Kohlendioxid galt sogar als lästiges Gift, das mittels kräftiger Durchlüftung umgehend aus dem Aquarium entfernt werden mußte. Und zwar durchaus zu Recht. Damals!

Inzwischen wurden mit zunehmender Verbreitung der Leuchtstofflampe leistungsfähige Aquarienleuchten verfügbar und damit die Pflege anspruchsvoller Aquarienpflanzen möglich. Damit erhielt das Kohlendioxid in der Aquaristik einen völlig anderen Stellenwert. Aus dem einst als lästig geltenden Stoff ist in den meisten Aquarien Mangelware geworden!

Was ist Kohlendioxid?

Das Kohlendioxid hat die chemische Formel CO_2. Es ist ein geruch- und farbloses Gas, das in der normalen Luft mit 0,03-0,04 Vol.-% enthalten ist. In hoher Konzentration erweckt es auf der Zunge einen leicht säuerlichen Geschmack. Bei 20 °C und Normaldruck wiegt 1 Liter CO_2 1,67 Gramm und ist damit 1,38fach schwerer als Luft.

Kohlendioxid ist nicht giftig, wie der Genuß CO_2-haltiger Getränke beweist. Es kann aber bei hoher Konzentration den lebensnotwendigen Sauerstoff im Blut verdrängen und somit zum Erstickungstod führen (Tabelle 16-A).

Weil Kohlendioxid schwerer ist als Luft, kann es unter Umständen eine kompakte Bodenschicht bilden. Wenn im Aquarium der Wasserspiegel um mehrere Zentimeter gesunken ist, so sammelt sich mitunter auf der Wasseroberfläche eine kompakte CO_2-Schicht, die nicht abfließen

CO₂ Vol.-%	Eigenschaften und Wirkungen
0,03	normaler Gehalt in der Luft
0,5	max. zulässig am Arbeitsplatz
3-5	Anregung des Atemzentrums
5	Übelkeit, Ohrensausen
8	brennende Kerze erlischt
7-10	nach längerem Einatmen Bewußtlosigkeit und u.U. Tod

Tabelle 16-A: Kohlendioxid, Eigenschaften und Wirkungen

kann. Luftatmende Fische (z.B. Labyrinthfische) ersticken darin, weil sie die höher gelegene sauerstoffhaltige Luft nicht erreichen können. Dann schießen diese Tiere in Anfällen von Panik kreuz und quer durch das Aquarium und verenden schließlich. Zur Abhilfe das Wasser auffüllen bis fast zum Rand! Derartige Zwischenfälle sind bei Aquarien mit und ohne CO_2-Düngung bekannt.

Aquarienkeller bergen ein ähnliches Risiko, weil dort das CO_2 nicht abfließen kann. Wenn zum Beispiel in einem Keller mit 50 m³ Volumen eine 10-kg-Flasche ausläuft (6 m³ CO_2), so steigt der CO_2-Gehalt in der Luft auf 12 Vol.-%. Das ist lebensgefährlich! Deshalb besonders in Kellerräumen keine übermäßig großen CO_2-Flaschen verwenden. Beim geringsten Verdacht auf ausgelaufenes CO_2 unbedingt Kerzenprobe machen: Mit einer brennenden Kerze den Raum vorsichtig betreten, Kerze auch in Bodenhöhe halten, sie darf nicht erlöschen!

Häufig wird das CO_2-Gas als Kohlensäure bezeichnet. Das ist falsch. Erst in Kontakt mit dem Wasser kann sich Kohlendioxid umwandeln in Kohlensäure:

$$CO_2 \quad + \quad H_2O \quad \rightarrow \quad H_2CO_3$$

| Kohlen-dioxid | Wasser | Kohlen-säure |

Weil aber nur ein winziger Bruchteil des CO$_2$-Gases (etwa 0,1 %) diese Reaktion im Wasser eingeht und als Säure den pH-Wert senkt, spricht man in jedem Fall treffender von Kohlendioxid.

Wann mit CO$_2$ düngen?

Im Aquarium erfüllt das Kohlendioxid zwei wichtige Aufgaben. Zum einen hält es die Bildner der Karbonathärte in Lösung, verhindert also Kalkausfällungen. Zum anderen dient es als Hauptdünger für die Aquarienpflanzen.

CO$_2$ als KH-Partner

Sofern nicht gerade extrem weiche Wässer vorliegen, muß das Wasser einen gewissen Gehalt an Kohlendioxid besitzen, um die Hydrogencarbonate in Lösung zu halten, die zusammen mit Calcium- und Magnesiumionen die Karbonathärte bilden. Wenn sich insbesondere auf gut beleuchteten Pflanzenblättern ein grauer, sandpapierartiger Niederschlag gebildet hat, so herrscht akuter CO$_2$-Mangel, und es ist Kalk nach folgender Gleichung ausgefallen:

$$Ca(HCO_3)_2 \quad \rightarrow \quad H_2CO_3 \quad + \quad CaCO_3$$

| Karbonat-härte | Kohlen-säure | Kalk |

Je höher die Karbonathärte des Wassers ist, desto höher muß auch der CO$_2$-Gehalt sein.

In diesem Zusammenhang werden häufig „Gleichgewichts-Tabellen" angeführt. Sie sind aquaristisch absolut wertlos. Ausnahmslos! – Diese Tabellen wurden mit sauberstem Trinkwasser im Labor ermittelt und haben dort ihre Gültigkeit, und zwar n u r dort! Im Aquarium herrschen völlig andere Bedingungen! Messungen bestätigen immer wieder, daß – wahrscheinlich durch organische Inhaltsstoffe bedingt – die Hydrogencarbonate auch noch bei überraschend geringen CO$_2$- Gehalten in Lösung bleiben, daß also die Resultate aus dem Chemielabor auf die Aquarienpraxis n i c h t anwendbar sind! Trotzdem zitieren Nichtchemiker aus Unkenntnis diese Tabellen immer wieder in der Aquarienliteratur. Unglücklicherweise!

Für die Aquarienpraxis gibt es also keine verläßlichen Tabellen, nach denen die je nach Karbonathärte notwendige CO$_2$-Menge ablesbar ist. Einen untrüglichen Hinweis aber geben regelmäßig durchgeführte KH-Messungen: Wenn die Karbonathärte im Aquarium allmählich „von selbst" sinkt, ist der CO$_2$-Gehalt zu gering. Falls ein Fischliebhaber das Sinken der KH als fischfreundlich begrüßen sollte, so beweist eine pH-Messung eher das Gegenteil: Solche Prozesse passieren im Bereich um pH 8!

CO$_2$ als Pflanzendünger

Alle grünen Pflanzen können mit Hilfe des Lichtes als Energiequelle und einer Reihe von Nährstoffen neue organische Substanz aufbauen (Photosynthese). Der weitaus wichtigste Nährstoff ist der Kohlenstoff (C), er wird bevorzugt in Gasform als Kohlendioxid (CO$_2$) aufgenommen.

Stark vereinfacht und summarisch betrachtet verläuft die Photosynthese wie folgt:

$6\,CO_2$ + $6\,H_2O$ + 2848 kJ $\rightarrow$ $C_6H_{12}O_6$ + O_2
Kohlen-   Wasser   Licht-   Zucker   Sauer-
dioxid   energie   stoff

Die aufgewendete Lichtenergie ist nicht verloren, sondern steckt verborgen im Zucker; dieser dient als Energiespeicher. Lebewesen, die den Zucker in ihrem Stoffwechsel umsetzen, gewinnen daraus ihre Lebensenergie!

Dekorative Aquarien beherbergen stets eine Gemeinschaft aus Fischen u n d Pflanzen. Die Fische werden üblicherweise sehr aufmerksam und ausreichend gefüttert. Bei der Ernährung der Aquarienpflanzen aber sieht es anders aus, sie leiden sehr häufig unter Mangel an Kohlendioxid.

Das Kohlendioxid ist der wichtigste Pflanzennährstoff überhaupt, denn rund die Hälfte der Trockensubstanz einer Pflanze besteht aus Kohlenstoff. Zwar geben die Fische ständig Kohlendioxid ab, aber die Mengen reichen für eine gesunde Ernährung der Aquarienpflanzen nicht aus. Deshalb müssen die meisten Aquarien zusätzlich mit Kohlendioxid gedüngt werden.

Wieviel CO_2 im Aquarium?

Alle Pflanzen wachsen bei höherem Angebot an Kohlendioxid besser. Im Aquarium sind allerdings Grenzen gesetzt durch die Anwesenheit der Fische. Wiederholte Versuche ergaben, daß aquarienübliche Fischarten auch bei CO_2-Gehalten weit über 100 mg/l keinerlei Anzeichen von Unwohlsein zeigten; Versuche an Guppys wurden schließlich bei 800 mg/l CO_2 abgebrochen, ohne daß Vergiftungserscheinungen erkennbar waren. Trotzdem sollten unnatürlich hohe Werte vermieden werden, weil mit höherem Gehalt das CO_2 verstärkt aus dem Wasser

diffundiert und somit die CO_2-Verluste und Betriebskosten ansteigen.

In der Aquarienpraxis hat sich ein Kohlendioxidgehalt bewährt im Bereich von mindestens 6 bis etwa 60 mg/l CO_2. Aquarienpflanzen verlangen für einen guten Wuchs mindestens 25 mg/l CO_2. Diese Mengen können nur mit einer CO_2-Düngung bereitgestellt werden.

Messen des CO_2-Gehaltes

Der Zoohandel bietet Reagenzien an zum Messen des CO_2-Gehaltes; sie sind jedoch nur beschränkt haltbar. Angebrochene CO_2-Tests verderben rasch und täuschen dann sehr viel mehr CO_2 vor, als tatsächlich im Wasser vorhanden ist, z.B. 40 anstelle von 6 mg/l! Die Hintergründe, Prüfmöglichkeiten sowie alternative Meßverfahren beschreibt KRAUSEs „Handbuch Aquarienwasser" (Zoo- und Buchhandel).

In der Praxis muß der CO_2-Gehalt nicht genau bekannt sein. Es genügt eine Genauigkeit, wie sie z.B. die CO_2-FIX-Tabelle bietet.

CO_2-FIX-Tabelle (nach KRAUSE)

Einmalig muß für das jeweilige Aquarienwasser ein pH-Standard ermittelt werden. Je nach Zusammensetzung des Wassers, insbesondere je nach dessen Karbonathärte, ergibt sich ein anderer pH-Standard. Deshalb muß er für jedes Aquarienwasser individuell ermittelt werden.

Hierzu entnimmt man dem Aquarium eine Wasserprobe und gibt einen farblich fein abgestuften pH-Indikator nach Vorschrift hinzu. Dann bläst man mit einem Strohhalm so lange Atemluft in die Probe, bis der pH-Wert auf einen konstanten Wert abgesunken ist. (Bild 16-1 auf Seite 103).

Die Wasserprobe enthält nun 60 mg/l CO$_2$. Dieser Wert wird von allen Fischen anstandslos vertragen. Diesen pH-Standard notiert man sich, und zwar auf 0,1 genau. Er bildet die Grundlage für die CO$_2$-FIX-Tabelle 16-B.

Der pH-Standard stellt zugleich einen Grenzwert dar, der in dem betreffenden Aquarium nicht unterschritten werden sollte. Anderenfalls enthält das Wasser mehr als 60 mg/l CO$_2$. Außerdem ist dann die Tabelle 16-B nicht anwendbar.

Im Normalfall ist der pH-Wert des Aquarienwassers höher als sein pH-Standard; und zwar um so höher, je weniger CO$_2$ enthalten ist. Aus der Differenz läßt sich der CO$_2$-Gehalt nach CO$_2$-FIX-Tabelle 16-B ermitteln.

Tabelle 16-B: CO$_2$-FIX-Tabelle (nach KRAUSE)	
Aquarium-pH über Standard-pH	ungefährer CO$_2$-Gehalt mg/l
0,0	60
0,1	48
0,2	38
0,3	30
0,4	25
0,5	20
0,6	15
0,7	12
0,8	10
0,9	8
1,0	6
1,2	4
1,5	2

Beispiel: Der pH-Standard hat pH 6,7 und das Aquarienwasser pH 7,1. Dann liegt der CO$_2$-Gehalt bei 25 mg/l.

Künftig genügt eine einzige pH-Messung, und man ist mit Hilfe der CO$_2$-FIX-Tabelle über den CO$_2$-Gehalt informiert!

Am genauesten wären elektrische pH-Messungen, sofern das pH-Meter sorgfältig und regelmäßig gewartet wird. In der Aquarienpraxis aber ist das meist nicht der Fall: Der Benutzer verläßt sich auf die Digitalanzeige mit 2 Stellen hinter dem Komma und ahnt nicht, daß sein Gerät wegen schlechter Wartung bereits um 1 ganze Einheit v o r dem Komma falsch anzeigt!

Verläßlicher und für die Aquarienpraxis völlig ausreichend genau sind gute flüssige pH-Farbindikatoren mit fein abgestufter Farbskala; hierzu gehört z.B. das Bromthymolblau, dessen Farbe von Gelb (pH 5,8) über Grün nach Blau (pH 7,6) umschlägt.

Auch Teststäbchen mit einer Abstufung von 0,2-0,3 pH-Einheiten eignen sich; die Zwischenwerte lassen sich bei guter Beleuchtung (Tageslicht!) ausreichend genau schätzen. Es spielt in der Aquarienpraxis keine Rolle, ob das Wasser zum Beispiel 27 oder 34 mg/l CO$_2$ enthält.

Absolut ungeeignet sind einfache pH-Indikatorpapiere. Im Aquarienwasser messen sie untragbar falsch.

Besonders praktisch sind Dauer-pH-Meter, die den pH-Wert ständig anzeigen, wie zum Beispiel auf Bild 16-2 auf Seite 106.

Sofern das Aquarienwasser mit Torf behandelt wurde oder pH-schiebende Chemikalien („pH-Plus"- oder „pH-Minus"-Präparate) erhalten hat, ist das Verfahren bei kleinen CO$_2$-Gehalten ungenau. Aber der obere Grenzwert von 60 mg/l CO$_2$, den alle Fische anstandslos vertragen, wird richtig gemessen, und zwar ausnahmslos in j e d e m Fall.

Einfache CO_2-Düngeverfahren

Wenn der CO_2-Gehalt im Aquarium zu niedrig ist, hilft eine Düngung mit CO_2. Am einfachsten wäre die Zugabe von Sprudelwasser, doch bei wiederholter Anwendung steigt der Gehalt an Mineralsalzen im Aquarienwasser entschieden zu hoch. Deshalb scheidet dieses Verfahren völlig aus.

Kalk-Säure-Verfahren

Kohlendioxid läßt sich chemisch erzeugen durch Einwirken einer beliebigen Säure auf Calciumcarbonat (z.B. Kalk, Kreide oder Marmor). Folgende Umsetzung findet statt:

$$CaCO_3 + 2\,HCl \rightarrow CO_2 + H_2O + CaCl_2$$

| Kalk | + | Salz-säure | $\rightarrow$ | Kohlen-dioxid | + | Wasser | + | Calcium-chlorid |

Marmor ist als Abfall billig erhältlich z.B. in Werkstätten für Grabdenkmäler. Tafelkreide eignet sich nicht; entgegen weit verbreiteter Ansicht besteht sie nicht aus Kreide, sondern aus Gips.

Die chemische CO_2-Produktion läßt sich automatisch steuern z.B. in einem Gerät, das dem Chemiker als Kipp'scher Apparat geläufig ist. Um den Tagesbedarf für 100 Liter Aquarienwasser herzustellen (etwa 1,3 g CO_2), müssen 3 Gramm Calciumcarbonat umgesetzt werden; dies entspricht mindestens 1 cm^3 Kalk oder Marmor.

Für die Aquarienpraxis ist das Kalk-Säure-Verfahren weniger zu empfehlen, insbesondere weil der Umgang mit starken Säuren am Aquarium sehr bedenklich ist. Außerdem hat das so hergestellte CO_2 viel zu wenig Druck, um zügig in das Aquarienwasser diffundieren zu können.

CO_2-Gärung

Für einfache Ansprüche kann eine Düngung mit Gärungs-Kohlendioxid genügen. Das Verfahren ist mit geringen Kosten leicht realisierbar, vermag aber auf längere Sicht nicht zu befriedigen.

Wässrige 10-30%ige Zuckerlösungen beginnen nach Zusatz von Hefe zu gären. Dabei entstehen Alkohol und Kohlendioxid. Für ein 100-Liter-Aquarium hat sich das folgende Rezept bewährt:

In eine 1-Liter-Flasche gibt man ungefähr 200 g Zucker und füllt mit Wasser auf 90 % des Gesamtvolumens auf. In heißem Wasser löst sich der Zucker zwar schneller, doch muß die Lösung abgekühlt sein, bevor nun 1 g Trockenbackhefe zugegeben wird. Dann verschließt man die Flasche mit einem durchbohrten Gummistopfen, von dem ein Plastikschlauch zum Aquarium führt.

Nach wenigen Stunden setzt die Gärung ein. Sie liefert genügend hohen Druck, um über ein beliebiges Diffusionsgerät oder im einfachsten Fall über einen feinperlenden Ausströmer ein 100-l-Aquarium etwa 2-3 Wochen lang mit CO_2 versorgen zu können.

Hinweise:

– Flasche nicht mit Schraubverschluß verschließen, sondern mit einem Gummistopfen! Falls z.B. der Ausströmer zusetzt, entsteht in der Flasche ein sehr hoher Druck. Dann dient der Stopfen als Sicherheitsventil und fliegt heraus.

– Keinen Korkstopfen benutzen; er ist nicht gasdicht.

– Flasche nicht über 90 % füllen, eventueller Schaum muß noch Platz haben.

– Wird mehr Hefe zugesetzt, so verläuft die Gärung stürmischer und ist früher beendet.

– Der Gärungsverlauf ist (wie alle biologischen Prozesse) stark temperaturabhängig. Wärme, z.B. von Aquarienleuchten, beschleunigt die Gärung enorm und läßt sie frühzeitig beenden.

– Ohne Feinwaage läßt sich 1 g Trockenhefe schwierig dosieren. Am besten schüttet man den gesamten Inhalt des Päckchens (7 g) auf ein Stück Papier und teilt das Häufchen nach Augenmaß.

Dieses einfache Gärungsverfahren vermag im Dauerbetrieb nicht zu befriedigen, denn es arbeitet ungleichmäßig und verlangt häufige Wartung (Bild 16-3).

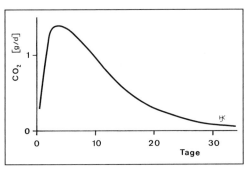

Bild 16-3: Verlauf der täglichen CO$_2$-Produktion bei einer Gärung nach dem beschriebenen Rezept. Je nach Aktivität der Hefe, Temperatur, Nährstoffgehalt usw. kann die Gärung unterschiedlich verlaufen.

Das folgende Schema zeigt den Aufbau einer CO$_2$-Düngeanlage:

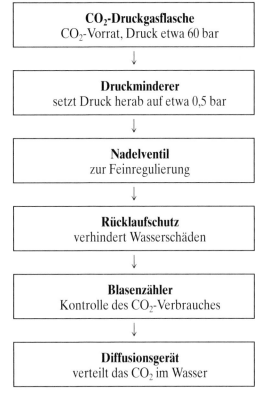

Die einzelnen Baugruppen werden im folgenden näher beschrieben.

CO$_2$-Düngeanlage

Weitaus zuverlässiger und bequemer – allerdings auch wesentlich teurer – sind CO$_2$-Düngeanlagen, die mit Kohlendioxid aus der Druckgasflasche arbeiten. Damit lassen sich beliebig große Aquarien monate- bis jahrelang wartungsfrei versorgen.

CO$_2$-Druckgasflasche

Kohlendioxid wird unter hohem Druck verflüssigt und in druckfeste Flaschen abgefüllt. Bei Raumtemperatur hat CO$_2$ eine Dichte von etwa 1,67 g/l, folglich nimmt 1 Kilogramm ein Volumen von 600 Litern in Anspruch; in der Druckgasflasche aber sind es nur noch 1,4 Liter. Bei Raumtemperatur existiert das Kohlendioxid in der Flasche teils flüssig und teils gasförmig, wobei es unter einem Druck von etwa 60 bar steht.

Wegen des sehr hohen Druckes von 60 bar (Autoreifen etwa 2 bar), der unter Umständen noch weit höher ansteigen kann, müssen Druckgasflaschen – ähnlich wie Kraftfahrzeuge – durch anerkannte Prüfstellen druckgeprüft und zugelassen sein. Auf jeder CO$_2$-Flasche sind Zahlen eingeschlagen, die neben dem Netto- und Taragewicht[1] unter anderem auch das Datum der Erstzulassung und das Ablaufdatum angeben. Die Zulassungsdauer beträgt in der Regel 10 Jahre.

Das Kohlendioxid verhält sich gasdynamisch sehr ungewöhnlich. So existiert es ab etwa 30 °C auch unter höchstem Druck nicht mehr flüssig,

[1] handelsübliche Begriffe:

Netto	=	Gewicht des Inhaltes
+ Tara	=	Gewicht der Verpackung
= Brutto	=	Gesamtgewicht

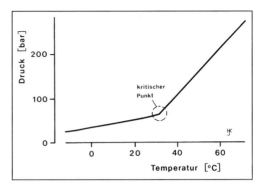

Bild 16-4: Kohlendioxid verhält sich bei Temperaturänderungen nicht gleichförmig. Ab etwa 30 °C kann das CO$_2$ nicht mehr in Flüssigform existieren, und der Gasdruck steigt enorm an. Der sogenannte „kritische Punkt" des CO$_2$ liegt bei 31,3 °C und 73,8 bar.

sondern nur noch gasförmig, und folglich steigt bei weiterem Erwärmen der Druck in der Flasche enorm an (Bild 16-4). Daher CO$_2$-Flaschen vor Wärme schützen! Sie dürfen nicht in der Sonne stehen oder neben Heizkörpern. Unmit-

---

Tabelle 16-C: Betriebszeiten von CO$_2$-Flaschen in Monaten bei einem täglichen Verbrauch von 1,3 g CO$_2$ je 100 l Wasser

Flaschen-inhalt (kg)	Aquariengröße (l)						
	80	100	200	300	500	800	1000
0,3	10	8	4	3	2	1	-
0,5	16	13	6	4	3	2	1
1,0	32	26	13	9	5	3	2
1,5	48	39	19	13	8	5	4
2,0	64	51	26	17	10	6	5
3,0	96	77	39	26	15	10	8
5,0	-	128	64	43	26	16	13
6,0	-	-	77	51	31	19	15
10,0	-	-	128	86	51	32	26

Beispiel: Eine 1-kg-Flasche reicht bei einem 200-l-Aquarium etwa 13 Monate.

Betriebszeiten über 120 Monate sind sinnlos, weil nach dieser Zeit (10 Jahre) die Zulassung der Flasche abgelaufen ist.

telbare Gefahr besteht zwar nicht, weil sich bei zu starkem Überdruck eine Sicherheitseinrichtung (Berstscheibe) öffnet und das CO$_2$ unter lautem Zischen langsam entweichen läßt. Allerdings ist die Flasche dann leer und das CO$_2$ im Zimmer; außerdem muß die Flasche vor der Wiederfüllung zur Reparatur.

CO$_2$-Flaschen sind handelsüblich in Größen von 300 g bis 10 kg Inhalt. Große Flaschen sind unhandlich und schwer, zum Beispiel wiegt eine volle 1-kg-Flasche etwa 5 kg, dafür aber sind die Kosten je kg CO$_2$ geringer. Als Kompromiß kann man die Flasche so groß wählen, daß etwa der Jahresbedarf gedeckt ist. Legt man als Erfahrungswert einen täglichen CO$_2$-Verbrauch von 1,3 Gramm je 100 Liter Wasser zugrunde, lassen sich die Betriebszeiten aus Tabelle 16-C ablesen (Seite 131).

Druckminderer

Der Gasdruck in der Flasche von 60 bar ist für unmittelbaren Gebrauch entschieden zu hoch. Ein Druckminderer, auch Reduzierventil genannt, setzt ihn auf gefahrlose Werte herab. An CO$_2$-Flaschen passen nur spezielle CO$_2$-Druckminderer. Der Anschluß von anderen Druckminderern (für Schweißgas, Sauerstoff, Propan usw.) ist nicht möglich, denn aus Sicherheitsgründen ist für jede Gasart ein anderes Gewinde vorgeschrieben; für Kohlendioxid ist es das Gewinde W 21,8 x 1/14.

Bild 16-5 auf Seite 107 zeigt einen professionellen Druckminderer der oberen Preisklasse. Er setzt den Druck in zwei Stufen herab und erreicht dadurch eine besonders hohe Regelgenauigkeit und Zuverlässigkeit. Druckminderer dieser Preisklasse sind kaum im Zoohandel erhältlich, sondern in Spezialgeschäften für technische Gase (im Branchenbuch nachsehen).

Billiger sind einstufige Druckminderer, wie sie im Zoohandel angeboten werden. Sie sollten ebenfalls zwei Manometer besitzen, um den Vorratsdruck in der Flasche und den Arbeitsdruck in der abgehenden Leitung anzuzeigen.

Bei einstufigen Druckminderern soll der Arbeitsdruck auf mindestens 0,5 bar eingestellt werden, denn bei einem Druckgefälle von mehr als 60:0,5=120 sind manche einstufige Druckminderer überfordert und arbeiten unzuverlässig. So kann es zum Beispiel passieren, daß beim Nachlassen des Flaschendruckes der Druckminderer übermäßig aufregelt und den Arbeitsdruck ganz erheblich ansteigen läßt; dann entströmt weitaus mehr CO$_2$, als das Aquarium verkraften kann! Am besten stellt man den Arbeitsdruck auf 0,5 bis 1,5 bar ein und benutzt für die Feinregulierung ein nachfolgendes Nadelventil.

Sobald etwas CO$_2$ aus der Flasche entnommen wird, wandelt sich ein Teil des flüssigen CO$_2$ um in die Gasform und füllt das entnommene Volumen aus. Der Druck in der Flasche bleibt daher gleich! Erst wenn der Vorrat zur Neige geht und alles flüssige CO$_2$ verdampft ist, sinkt der Druck (ein ähnlicher Vorgang läuft ab z.B. im Butan-Gasfeuerzeug). Wenn der Druck in der CO$_2$-Flasche gesunken ist auf 50 bar (bei 25 °C), dann ist der CO$_2$-Vorrat geschrumpft auf 16,9 %, bei 25 bar sind es nur noch 6,9 %!

Daher kann ein Manometer über den CO$_2$-Vorrat kaum Auskunft geben, sondern nur das Gewicht. Am besten wiegt man gleich zu Anfang die volle Flasche zusammen mit dem angeschraubten Druckminderer und notiert das Gesamtgewicht. Der Verbrauch läßt sich dann mit einer handlichen Federwaage leicht kontrollieren.

Für den Nichttechniker ist die Bedienung eines Druckminderers ungewohnt, denn der Drehsinn ist im Vergleich zum Wasserhahn oder anderen Schraubventilen entgegengesetzt: Rechtsdrehen der Stellschraube erhöht den Arbeitsdruck und läßt mehr CO_2 fließen!

Nadelventil

Ein Nadelventil ist zwar nicht unbedingt erforderlich, aber es kann die Handhabung der CO_2-Düngeanlage erleichtern. Der Durchfluß und damit die Intensität der CO_2-Düngung läßt sich mit einem Nadelventil sehr fein dosiert einstellen.

Arbeitsprinzip: In eine Präzisionsbohrung taucht eine schlanke, schwach konisch geformte Stahlnadel. Je nach Eintauchtiefe verbleibt eine mehr oder minder große Durchflußöffnung für das CO_2. Durch eine Stellschraube mit Feingewinde kann die Eintauchtiefe der Nadel verändert werden und damit der CO_2-Durchfluß.

Behelfsmäßig kann man anstelle eines Nadelventiles den Verbindungsschlauch mit einer Schlauchklemme quetschen. Der Durchfluß läßt sich zwar recht gut einstellen, bleibt aber nicht konstant, weil das Schlauchmaterial langsam nachgibt. Deshalb kann diese Lösung auf die Dauer nicht befriedigen.

Als Billigst-Lösung wurden wiederholt Nadelventile angeboten zum direkten Anschluß an Druckgasflaschen. Wegen des 60 bar hohen CO_2-Druckes lassen sie sich nur sehr schwierig einstellen und arbeiten unstabil. Schwankt beispielsweise die Raumtemperatur auch nur geringfügig, so ändern sie meist ihre Einstellung und zwar oftmals irreversibel. Ein zufriedenstellender Betrieb ist so nicht möglich. Der hohe Flaschendruck muß erst durch einen Druckminderer herabgesetzt werden, und im Anschluß daran kann ein Nadelventil zur Feinregulierung gute Dienste leisten.

Rücklaufschutz

Reines Kohlendioxid ist außerordentlich lösungsfreudig. Bei Normaldruck (1013 hPa) und 20 °C löst sich in 1 l Wasser etwa 1 l CO_2-Gas. Das hat bei CO_2-Düngeanlagen unangenehme Konsequenzen. Das Volumen einer „leeren" CO_2-Flasche ist ausgefüllt mit drucklosem CO_2-Gas. Dieses versucht sich zu lösen im annähernd gleichen Volumen Wasser und erzeugt dabei einen kräftigen Unterdruck. Folglich dringt allmählich Aquarienwasser durch alle Teile der Düngeanlage hindurch bis hinein in die Flasche und kann großen Schaden anrichten, insbesondere beim Druckminderer.

Ein Einwegventil als Rücklaufschutz kann verhindern, daß das Wasser in die Anlage zurückläuft. Aber nicht jeder angebotene Rücklaufschutz arbeitet zuverlässig.

Am besten wartet man nicht so lange, bis die CO_2-Flasche völlig geleert ist, sondern schließt das Flaschenventil bereits vorher, solange noch etwas Druck angezeigt wird. Das ist unter anderem auch aus Gründen des Korrosionsschutzes zu empfehlen und in der Gasdruckbranche üblich. Beendet man die CO_2-Entnahme zum Beispiel bei einem Restdruck von 1 bar, so verzichtet man zwar auf rund 0,3 % des Flascheninhaltes, geht dafür aber kein Risiko ein.

Blasenzähler

Ein Blasenzähler hilft sehr beim Einstellen und Überwachen der CO_2-Düngung. Er kann als kleines Zusatzgerät leicht nachgerüstet werden oder ist bereits in manchen Diffusionsgeräten integriert. Das Arbeitsprinzip eines Blasenzählers zeigt Bild 16-6 auf Seite 134.

Der Blasenzähler wird bis zu etwa $^2/_3$ Höhe mit Wasser gefüllt. Die Füllung muß nach längerem

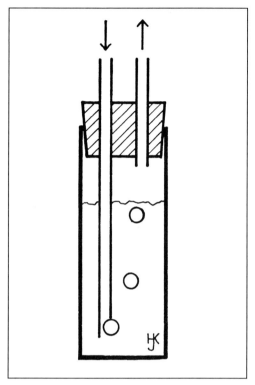

Bild 16-6: Der Blasenzähler wird zu etwa 2/3 mit Wasser gefüllt. Das CO_2 verläßt das tief eintauchende Rohr und steigt in einzelnen, gut kontrollierbaren Blasen auf.

Tabelle 16-D: Blasenzähler CO_2-Durchfluß in Gramm pro Tag (Blasendurchmesser 4 mm)		
Blasen pro Minute	Gasdruck	
	0,03 bar	0,5 bar
5	0,4	0,6
6	0,5	0,7
7	0,6	0,8
8	0,7	1,0
9	0,7	1,1
10	0,8	1,2
12	1,0	1,4
14	1,2	1,7
16	1,3	1,9
18	1,5	2,2
20	1,7	2,4
22	1,8	2,7
24	2,0	2,9
26	2,2	3,1
28	2,3	3,4
30	2,5	3,6
35	2,9	4,2
40	3,3	4,8
45	3,7	5,4
50	4,1	6,0
60	5,0	7,3

Beispiel: Im Blasenzähler erscheinen 12 Blasen pro Minute, dann beträgt der CO_2-Verbrauch je nach Betriebsdruck 1,0 bzw. 1,4 Gramm CO_2 pro Tag.

Gebrauch ergänzt werden, weil sie allmählich verschleppt wird. Von der Verwendung anderer Flüssigkeiten, wie z.B. Glycerin, sei abgeraten; sie können in nachfolgenden Geräten oder im Aquarium Schaden stiften.

Die Größe der CO_2-Blasen hängt wesentlich von der Austrittsöffnung ab, und ihr CO_2-Inhalt vom Gasdruck im Bereich des Blasenzählers. Die Tabelle 16-D setzt eine Blasengröße von 4 mm Durchmesser voraus und berücksichtigt zwei Möglichkeiten für den Einbau des Blasenzählers: zwischen Druckminderer und Nadelventil (0,5 bar) oder zwischen Nadelventil und Diffusionsgerät (0,03 bar).

Diffusionsgerät

Das bereitgestellte Kohlendioxid muß nun dem Aquarienwasser beigemischt werden. Der Zoohandel bietet dafür die verschiedensten Diffusionsgeräte an. Der Wirkungsgrad heutiger Geräte ist durchweg gut. Beim Kauf eines Diffusions-gerätes achte man unbedingt darauf, daß es war-tungsfrei ist, also nicht durch Fremdgase außer Betrieb gesetzt werden kann.

Zur Erläuterung: Jede Gasblase steht in ständi-gem Gasaustausch mit dem umgebenden Was-ser; sie enthält nach einiger Zeit das gleiche Gas-gemisch, wie es im Wasser gelöst ist. So transpor-tieren manche Unterwasser-Insekten eine Luft-blase in ihre Behausung und nutzen sie als physi-kalische Kieme. Diese Tiere veratmen zunächst den mitgebrachten Sauerstoff, später nimmt die Luftblase aus dem Wasser Sauerstoff auf und gibt im Austausch überschüssiges Kohlendioxid ab; so können sich diese Tiere nahezu unbe-grenzt unter Wasser aufhalten!

Auf Diffusionsgeräte angewendet bedeutet dies, daß alle CO_2-Gasblasen zwar Kohlendioxid in das Wasser diffundieren lassen, aber gleichzeitig andere Gase aus dem Wasser aufnehmen. Dies sind vor allem Stickstoff und Sauerstoff. Des-halb werden die CO_2-Gasblasen im Wasser zwar rasch kleiner, aber sie verschwinden nicht völlig. Die Blasen enthalten dann praktisch kein CO_2, sondern Fremdgase. Schlechte Diffusionsgeräte geben die Fremdgase nicht ab, sondern verstop-fen daran und werden außer Betrieb gesetzt.

Bild 16-7 auf Seite 107 zeigt ein Beispiel für ein Diffusionsgerät, das einen ausgezeichneten Wir-kungsgrad hat und durch Fremdgase nicht be-einträchtigt wird, also wartungsfrei ist.

Oft werden Diffusionsgeräte kombiniert mit Fil-terpumpen, die die CO_2-Blasen sehr fein zer-schlagen und daher gut verteilt dem Wasser bei-mischen. Zum Beispiel kann die Filterstation auf Bild 14-3 (Seite 99) gleichzeitig als sehr wirksa-mes Diffusionsgerät arbeiten.

Anstelle eines Diffusionsgerätes kann man als einfachste Lösung einen feinperlenden Holz-

oder Keramikausströmer anschließen und mög-lichst tief im Aquarium befestigen. Der Wir-kungsgrad ist weit besser, als das Auge vermuten läßt: Die feinperlenden CO_2-Gasbläschen geben schon in 10 cm Aufstieg praktisch sämtliches CO_2 ab! Im Austausch dafür nehmen sie Fremd-gase aus dem Wasser auf und steigen dann sicht-bar langsamer weiter.

Bei der Bodendurchsickerung, wie sie auf Seite 39 beschrieben ist, benutzt man am besten eine CO_2-Pumpe (nach KRAUSE). Sie dient gleich-zeitig als wartungsfreies CO_2-Diffusionsgerät.

Sehr wichtig: CO_2-Düngeanlagen müssen nach Inbetriebnahme individuell einreguliert werden, denn je nach Pflanzenmasse, Beleuchtung, Was-serumwälzung usw. ist der CO_2-Verbrauch des Aquariums verschieden hoch. Jeder Leichtsinn kann zu Fischvergiftungen führen. Deshalb in der ersten Zeit unbedingt täglich den CO_2-Ge-halt kontrollieren!

Wiederfüllen der CO_2-Flasche

Wie auf Seite 133 schon erwähnt und begründet, sollen Druckgasflaschen nur bis zu einem Rest-druck von etwa 1 bar geleert werden. Die geleer-te Flasche gibt man an den Händler zurück (Be-darf für technische Gase, Zoohandel), der sie weiterleitet an eine autorisierte Füllstation. Bis zur Rückkehr der gefüllten Flasche können 1-2 Wochen vergehen, deshalb bieten einige Händ-ler gefüllte Leih- oder Tauschflaschen an. Schneller geht es, wenn man selbst zu einer Füll-station fährt; meist kann man dort warten und die gefüllte Flasche gleich wieder mitnehmen. Der Postversand gefüllter CO_2-Flaschen ist nur zulässig bis zu 750 g CO_2.

Nach dem Anschließen der neuen CO_2-Flasche unbedingt auf Lecksuche gehen, wie auf Seite

136 beschrieben. Meist ist die Anschlußstelle zwischen Flasche und Druckminderer undicht. Lecks an dieser Stelle können weit mehr CO_2 verbrauchen als das ganze Aquarium!

Nach Ablauf des Zulassungsdatums darf die Druckgasflasche nicht mehr benutzt oder gar gefüllt werden. Sie muß erst von einer autorisierten Prüfstelle druckgeprüft und erneut zugelassen werden. Das ist bei CO_2-Flaschen in der Regel alle 10 Jahre erforderlich. Am besten gibt man die Flasche beim Händler oder der Füllstation ab zur Weiterleitung an die Prüfstelle.

CO_2-Füllanlagen und -vorrichtungen sind erlaubnispflichtig und dürfen erst nach Prüfung durch einen Sachverständigen in Betrieb genommen werden. Auch der Bediener muß die erforderlichen Fachkenntnisse nachgewiesen haben und eine persönliche Zulassung besitzen. – Das bedeutet: Auch wenn man ein geeignetes und zugelassenes Gerät besitzt (sowie gute Kenntnisse über das nötige Temperatur- und Druckgefälle usw.), macht man sich strafbar, wenn man z.B. aus einer großen 10-kg-Flasche Kohlendioxid für andere abfüllt in kleine Flaschen. Außerdem haftet man persönlich und unbegrenzt bei allen Zwischenfällen, wie sie z.B. wegen Überfüllung passieren können; Versicherungen springen nicht ein, weil die strafbare Handlung vorsätzlich ausgeführt wurde.

CO_2-Verluste

Der CO_2-Verbrauch eines Aquariums liegt in grober Näherung bei 1,3 Gramm täglich je 100 Liter Wasser. Er kann schwanken je nach Pflanzenbestand, Lichtangebot, Temperatur, Fischbesatz usw. Bei kräftiger Wasserumwälzung oder wenn der Filterauslauf aus der Höhe in das Wasser zurückplätschert, steigt der CO_2-Verbrauch

ganz erheblich an. Deshalb bei CO_2-Düngung keine Rieselfilter benutzen und den Filterrücklauf mindestens 5 cm unter Wasser anbringen, damit die Oberfläche nicht turbulent bewegt wird.

Undichtigkeiten in der CO_2-Anlage können erhebliche Kosten verursachen, weil die CO_2-Flasche viel eher nachgefüllt werden muß, als eigentlich notwendig ist. In Frage kommen unmittelbare Lecks in der Anlage wie auch ungeeignetes Schlauchmaterial.

Lecksuche

Es lohnt sich, jede CO_2-Düngeanlage nach Installation und nach jedem Wechsel der CO_2-Flasche auf Dichtheit zu prüfen. Das folgende Verfahren ist zwar zeitaufwendig, dafür aber absolut sicher:

1. Schlauch am Diffusionsgerät abziehen und mit einem Stopfen verschließen.
2. Schraubventil an der CO_2-Flasche fest schließen.
3. Hochdruckmanometer möglichst genau ablesen, Anzeige notieren.

Sofern die Flasche nicht schon ziemlich leer ist, wird ein Druck von etwa 60 bar angezeigt. Man wartet einige Stunden, am besten über Nacht, und liest erneut ab. Druckabfall weist auf ein Leck hin. (Achtung: Die Raumtemperatur beeinflußt den Druck, sie darf also nicht wesentlich schwanken.)

Auf verdächtige Stellen kann man mit einem Pinsel verdünntes Geschirrspülmittel auftragen. Schaumblasen verraten die Leckstelle genau. Dieses Verfahren eignet sich auch zur raschen Prüfung z.B. nach einem Wechsel der CO_2-Flasche.

Am häufigsten findet man Lecks am Gewinde zwischen Flasche und Druckminderer. Wenn kräftiges Nachziehen der Überwurfmutter nicht hilft, dann das Gewinde ganz schwach fetten mit Vaseline, damit es leichtergängig wird, und einen neuen Dichtring einsetzen. Als Material für den Dichtring bewährt sich nach wie vor Fiberglas (Farbe meist rot); dagegen kann Polyamid (weiß, durchscheinend) sich allmählich verformen und in der Dichtfähigkeit nachlassen.

Undichter Schlauch

Läßt sich keine Leckstelle ermitteln, obwohl offensichtlich Kohlendioxid verlorengeht, so kann die Ursache an einem ungeeigneten Schlauchmaterial liegen. Fast alle Kunststoffe sind gasdurchlässig, weshalb z.B. verderbliche Ware nicht in Kunststoffflaschen aufbewahrt werden darf, sondern nur in Glasflaschen.

Messungen an verschiedenen Kunststoffen ergaben, daß Kohlendioxid etwa fünfmal schneller hindurchdiffundiert als Sauerstoff. Anfangs sind die Verluste besonders hoch; nach mehreren Minuten tritt ein Abdichtungseffekt ein, und die Verlustrate sinkt ungefähr auf die Hälfte. Tabelle 16-E zeigt die CO_2-Verluste von aquarienüblichem Rohr- und Schlauchmaterial, wie sie an Prüflingen in Luftumgebung gemessen wurden nach Eintritt des Abdichtungseffektes.

Die Verluste wachsen mit der Leitungslänge und mit dem Gasdruck. Deshalb die Leitungen möglichst kurz halten und den Druck möglichst niedrig.

Schläuche aus Silicon sind zwar sehr elastisch und verhärten nicht im Laufe der Zeit, aber sie haben untragbar hohe CO_2-Verluste! Eine 0,5-kg-Flasche kann unter aquarienüblichen Bedingungen allein durch die Schlauchverluste nach 2-4 Monaten leer sein!

Der z.B. als Luftschlauch aquarienübliche PVC-Schlauch hat weitaus weniger Verluste. Noch weniger CO_2 verliert der im Zoohandel erhältliche CO-PROOF-Schlauch (Anbieter Dennerle). Die geringsten Verluste hat PVC-Rohr, aber es ist nicht biegsam; an notwendigen Ecken kann man es im Heißluftstrahl eines Föns erweichen und biegen (vorher dicken Bindfaden hineinstecken!), oder man fügt kurze Stücke PVC-Schlauch ein.

CO_2-Dosiergerät

Bekanntlich beeinflußt der CO_2-Gehalt den pH-Wert im Aquarienwasser. Folglich läßt sich der pH-Wert als Kriterium zum automatischen Dosieren des Kohlendioxides heranziehen.

Arbeitsprinzip: Aus einer Tabelle wird ein Soll-pH-Wert, der dem gewünschten CO_2-Gehalt des Wassers entspricht, abgelesen und am Dosiergerät eingestellt. Eine pH-Elektrode taucht ständig in das Aquarienwasser ein und mißt dessen

Tabelle 16-E: CO_2-Verluste von Leitungen je 1 m Länge und 0,5 mWS[1] (=0,05 bar)		
Material	Verluste in Gramm je Tag	je Monat
PVC-Rohr 4/5 mm	0,002	0,06
CO-PROOF-Schlauch	0,01	0,4
PVC-Schlauch 4/6 mm	0,1	3
Siliconschlauch 4/6 mm	4-8	120-240

[1] Das Maß „Meter Wassersäule (mWS)" ist überholt und nicht mehr zulässig. Wegen seiner Anschaulichkeit wird es aber noch gerne verwendet. Zur Umrechnung auf andere Druckmaße siehe Tabelle 14-A auf Seite 108.

pH-Wert. Solange der gemessene pH-Wert über dem Soll-pH-Wert liegt, bleibt ein Magnetventil in der Leitung der CO_2-Düngeanlage geöffnet. Sobald der Soll-pH-Wert erreicht ist, schließt das Ventil, und die CO_2-Düngung wird unterbrochen.

Wie bei jedem elektrischen pH-Meßgerät, so muß auch beim CO_2-Dosiergerät die Anzeige der pH-Elektrode mit Hilfe von pH-Pufferlösungen sorgfältig eingestellt und regelmäßig kontrolliert werden. Und zwar spätestens alle 4

Wochen! Anderenfalls bekommt das Aquarium einen zu niedrigen oder zu hohen CO_2-Gehalt.

Die pH-Elektrode soll an einer möglichst dunklen Ecke des Aquariums eintauchen. Erhält sie Licht, so siedeln sich leicht Algen an und verfälschen die Messung.

Für die Aquarienpraxis ist ein CO_2-Dosiergerät nicht unbedingt erforderlich. Es kann zwar die CO_2-Düngung automatisieren, ist aber selbst nicht völlig wartungsfrei.

CO_2-Düngung – kurz und bündig

- Kohlendioxid ist der wichtigste Pflanzennährstoff überhaupt!
- Das von Aquarienfischen ausgeatmete CO_2 reicht nur selten für die Aquarienpflanzen. Dann ist eine CO_2-Düngung erforderlich.
- Der CO_2-Gehalt soll in bepflanzten Aquarien 25-60 mg/l betragen.
- CO_2-Meßreagenzien verderben leicht; sie zeigen dann weit mehr CO_2 an, als vorhanden ist. Rasche und verläßliche Orientierung, vor allem mit einem pH-Dauertest, ermöglicht das CO_2-FIX-Verfahren.
- Der CO_2-Bedarf eines bepflanzten Aquariums beträgt ungefähr 1,3 Gramm täglich je 100 Liter Wasser.
- Düngeanlagen mit CO_2-Druckgasflaschen können ein Aquarium monate- bis jahrelang wartungsfrei versorgen.
- Aus Sicherheitsgründen CO_2-Flaschen nur bis zu einem Restdruck von etwa 1 bar leeren.
- CO_2-Flaschen müssen regelmäßig (spätestens alle 10 Jahre) von einer anerkannten Prüfstelle druckgeprüft und erneut zugelassen werden.
- CO_2-Flaschen dürfen nicht erwärmt werden; Sonne und die Nähe von Heizkörpern meiden.
- Einstufige Druckminderer sollen auf mindestens 0,5 bar Arbeitsdruck eingestellt sein; bei weniger Druck arbeiten sie oft riskant unstabil.
- Jede CO_2-Blase nimmt unvermeidlich Fremdgase aus dem Wasser auf; wartungsfreie Diffusionsgeräte müssen diese Fremdgase selbsttätig abgeben können.
- Ungeeignete Leitungen (z.B. Siliconschlauch) lassen große Mengen an CO_2 ungenutzt ausströmen. Möglichst PVC-Rohr oder CO-PROOF-Schlauch benutzen.
- Bei einem Aquarienfilter den Rücklauf nicht in das Wasser zurückplätschern lassen (zu hoher O_2-Eintrag und zu hohe CO_2-Verluste), sondern unter Wasser zurücklaufen lassen und die Oberfläche nur wenig bewegen.

17. Durchlüftung

Die Durchlüftung wird oft mißverstanden als Sauerstoffanreicherung. Tatsächlich aber wird der Gashaushalt des Wassers mit dem der Luft ins Gleichgewicht gebracht. Wenn man sauberes Süßwasser genügend lange belüftet, so stellen sich darin die Werte nach Tabelle 17-A ein.

Tabelle 17-A: Süßwasser im Gasgleichgewicht mit der Luft bei 23 °C und 1013 hPa			
	in der Luft Volumen-%	im Wasser Vol.-%	mg/l
Stickstoff	78,1	1,03	13,1
Sauerstoff	20,9	0,53	8,6
Kohlendioxid	0,033	0,023	0,47

Es ist gleichgültig, ob das Wasser vor der Durchlüftung einen höheren oder niedrigeren Gasgehalt hatte, stets werden die Werte von Tabelle 17-A erreicht. Wenn vorher z.B. der Sauerstoffgehalt 12 mg/l betrug, so wird er auf 8,6 mg/l gesenkt und der überzählige Sauerstoff herausgetrieben. Die Gleichgewichtswerte sind bei höherer Temperatur niedriger und umgekehrt.

Bemerkenswert ist der Vergleich der Volumenanteile Sauerstoff in Luft (20,9 %) und in Wasser (0,53 %). Das O_2-Angebot im Wasser beträgt nur rund $1/40$. Hierin liegt ein wichtiger Grund, weshalb höher entwickelte Tiere zur Lungenatmung übergehen mußten; Kiemen können nicht genug Sauerstoff aus dem Wasser bereitstellen, um den Bedarf z.B. von Säugetieren zu decken.

Wann durchlüften?

Viele Jahrzehnte hindurch galt die Durchlüftung als unentbehrliches Hilfsmittel in der Aquari-

stik. Es gelang damit, auch unter ungünstigen Bedingungen den Sauerstoffgehalt ausreichend hoch zu halten. Heute ist eine Durchlüftung nur noch notwendig bei der Kultur von Salinenkrebsen (Artemia salina), die als Fischfutter herangezogen werden, oder bei der Intensivfischhaltung in pflanzenlosen Becken.

Im modernen Gesellschaftsaquarium, wobei unter „Gesellschaft" die ausgewogene Gemeinschaft von Fischen u n d Pflanzen verstanden sein soll, ist eine Durchlüftung entbehrlich, weil der Sauerstoffhaushalt durch leistungsfähige Filter und einen guten Bestand an Aquarienpflanzen sichergestellt werden kann.

In bepflanzten Aquarien ist die Durchlüftung sogar schädlich, insbesondere weil sie das von den Pflanzen dringend benötigte Kohlendioxid (CO_2) aus dem Wasser heraustreibt. Wie die Tabelle 17-A zeigt, wird der CO_2-Gehalt auf nur 0,5 mg/l eingestellt. Das ist ganz entschieden zu wenig! Der CO_2-Bedarf der Aquarienpflanzen ist mehr als 10fach höher. Näheres siehe Seite 127.

Eine Durchlüfteranlage besteht im wesentlichen aus einer Luftpumpe, die über einen entsprechend langen Schlauch im Aquarium einen Ausströmer mit Druckluft versorgt (Bild 17-1 auf Seite 106).

Luftpumpen

In der Aquaristik sind fast ausschließlich Membranpumpen in Gebrauch. Sie sind einfach und robust aufgebaut. Nahezu einziges Verschleißteil ist die Membran, von der man ein Exemplar in Reserve halten sollte. Für große Aquarienanlagen werden leistungsfähige Gebläse benutzt.

Membranpumpen sind relativ laut. Die Geräusche gehen nicht allein von der Pumpe selbst aus, sondern auch von der angeschlossenen Luftleitung, die die stoßweise erzeugte Druckluft zum Aquarium leitet.

Im Datenblatt der Membranpumpen werden meist deren Leerlauf-Nennleistungen angegeben. Im praktischen Betrieb liegen die Leistungen, wie bei jeder anderen Pumpe auch, deutlich darunter. Sind beispielsweise angegeben 200 Liter pro Stunde und 2,5 Meter Wassersäule, so ergibt sich die in Bild 17-2 eingezeichnete Kennlinie. Hieraus läßt sich je nach erforderlichem Druck die tatsächliche Pumpleistung ablesen.

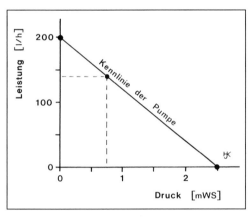

Bild 17-2: Die Kennlinie der Pumpe ist durch ihre Leerlauf-Nenndaten gegeben, hier beispielsweise 200 l/h und 2,5 mWS. Wenn ein Ausströmer einen Druck von 0,8 mWS benötigt, so würde die Pumpenleistung nur noch 140 l/h betragen.

Sicherheitshalber sollen Durchlüfterpumpen stets oberhalb des Wasserspiegels aufgestellt werden. Anderenfalls könnte, wenn die Pumpe defekt wird, der Strom ausfällt oder der Luftschlauch vom Pumpenanschluß rutscht, das Wasser mit Schwung durch den Ausströmer in die drucklose Leitung eindringen und unter Umständen nach dem Prinzip des Saughebers selbsttätig aus dem Aquarium herauslaufen.

Ausströmer

Der Ausströmer soll die Luft in viele kleine Bläschen aufteilen, damit eine möglichst große Kontaktfläche zwischen Luft und Wasser entsteht. Je feiner die Perlung, desto schneller stellt sich bei gleichem Luftverbrauch das Gasgleichgewicht nach Tabelle 17-A ein.

Je kleinere Bläschen ein Ausströmer produziert, desto höher ist sein Druckbedarf. Das ist physikalisch bedingt durch die Oberflächenspannung des Wassers. Werbeaussagen „feinperlend bei geringem Druck" können nicht zutreffen.

Unmittelbar unter der Wasseroberfläche, also bei 0,0 m Eintauchtiefe, braucht ein durchschnittlicher Ausströmer bereits einen Luftdruck von ungefähr 0,5 mWS. Wird er in 0,4 m Wassertiefe betrieben, so müssen also 0,5 + 0,4 = 0,9 mWS aufgewendet werden. Ein besonders feinperlender Ausströmer aus Lindenholz kann sogar 3,0 mWS benötigen.

Einstellen des Luftstromes

An einer Luftpumpe lassen sich mehrere Luftverbraucher gemeinsam betreiben, wobei aber der Luftstrom zu jedem einzeln regulierbar sein muß. Beim Einstellen verfährt man am besten so: Alle Hähne zu den Verbrauchern schließen und die Luftpumpe auf volle Leistung stellen, damit in der Hauptleitung der höchstmögliche Luftdruck herrscht. Dann nacheinander – beginnend bei dem größten Luftverbraucher – die Hähne dem Bedarf entsprechend vorsichtig öffnen. Bei dieser Einstellweise brauchen die Hähne nur sehr wenig geöffnet zu werden; sie bilden deshalb einen hohen Strömungswiderstand, der die Verbraucher untereinander weitgehend entkoppelt und die gegenseitige Beeinflussung vermindert.

18. Oxidator

Oxidatoren können die Selbstreinigung des Wassers beziehungsweise die oxidative Filterarbeit unterstützen.

Wann Oxidator benutzen?

In normalen Aquarien mit ausgewogenem Fisch- und Pflanzenbesatz ist ein Oxidator überflüssig, er kann sogar – wie am Ende des Kapitels beschrieben ist – Störungen hervorrufen.

Bei mit Fischen überbesetzten Aquarien (Intensivfischhaltung) reicht unter Umständen der Aquarienfilter nicht aus, um die organische Belastung genügend niedrig zu halten. Wenn zur Abhilfe nicht ein größerer oder stärker oxidierend wirkender Filter installiert werden soll, dann kann ein Oxidator helfen. Als Kriterium kann der Nitritgehalt des Wassers herangezogen werden. Wenn auch nach der Einlaufzeit des Filters ständig mehr als 0,2-0,5 mg/l Nitrit meßbar sind, ist die Filterung ungenügend. Dann kann sie durch einen Oxidator unterstützt werden.

Arbeitsprinzip

Wasserstoffperoxid neigt zum Zerfall nach folgender Gleichung:

$$H_2O_2 \quad \rightarrow \quad H_2O \quad + \quad {}^1\!/_2\,O_2$$

| Wasserstoff-peroxid | $\rightarrow$ | Wasser | + | Sauer-stoff |

Die ungewöhnliche Schreibweise ${}^1\!/_2\,O_2$ weist darauf hin, daß hierbei der Sauerstoff nicht als Molekül freigesetzt wird, sondern als einzelnes Atom. Dieser Zustand bleibt nur kurze Zeit bestehen, und bald schließen sich die Einzelatome

zu Molekülen zusammen und bilden ganz gewöhnlichen Sauerstoff O_2.

Der kurzlebige atomare Sauerstoff ${}^1\!/_2\,O_2$, chemisch auch als Sauerstoff im status nascendi bezeichnet, hat ganz besondere Eigenschaften. Er ist außerordentlich reaktionsfreudig und kann auch solche Stoffe in sehr kurzer Zeit oxidieren, die mit gewöhnlichem Sauerstoff nur sehr langsam reagieren oder überhaupt nicht. Dieser atomare Sauerstoff ${}^1\!/_2\,O_2$ ist das entscheidende Moment der Oxidatoren. Diesem verdanken sie ihre stark oxidierende Wirkung auf alle Wasserinhaltsstoffe im Aquarium.

Oxidatoren verwenden eine 3-6%ige wäßrige Lösung des Wasserstoffperoxides. Sie darf nur sehr langsam abgegeben werden, damit im Aquarium keine gefährlich hohe Konzentration entsteht. Das Arbeitsprinzip eines Oxidators zeigt Bild 18-1.

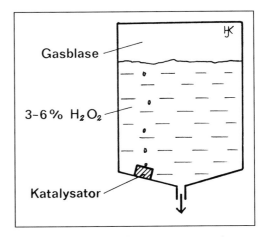

Bild 18-1: Arbeitsprinzip: Ein Katalysator zersetzt langsam kleinste Mengen des 3-6%igen Wasserstoffperoxides (H_2O_2). Dabei wird Sauerstoff freigesetzt, der sich oben als Gasblase sammelt und unten die Peroxidlösung aus dem Gefäß herausdrückt in das umgebende Aquarienwasser.

Wasserstoffperoxid (H_2O_2) ist aggressiv. Längere Einwirkung sogar von sehr stark verdünnten Peroxidlösungen verursachen Schäden an den Schleimhäuten, Flossen und Kiemen der Fische. Deshalb besitzen gute Oxidatoren noch einen weiteren, großflächig wirksamen Katalysator außerhalb des Vorratsgefäßes, der die Umsetzung des Peroxides mit den oxidierbaren Inhaltsstoffen des Aquarienwassers beschleunigt. So wird erreicht, daß das Peroxid schon bald nach Verlassen des Oxidators reagiert und sich möglichst wenig im gesamten Aquarium verteilt. Bei guter Funktion darf im Aquarium praktisch kein Wasserstoffperoxid nachweisbar sein; Meß- und Prüfverfahren beschreibt KRAUSEs „Handbuch Aquarienwasser".

Die Endprodukte der Peroxidreaktion sind etwa die gleichen wie beim normalen oxidativen Filterprozeß (siehe Seite 91). Daneben entsteht auch normaler Sauerstoff, der sich im Wasser löst. Die daraus abgeleitete Funktion des Oxidators als Sauerstoffspender wird meist stark überschätzt. Zum Beispiel versorgt ein Gerät, das mit $^1/_4$ Liter 6%igem H_2O_2 gefüllt ist, ein 200-l-Aquarium etwa 4 Wochen lang. Diese Menge Peroxid liefert täglich etwa 250 mg Sauerstoff; verteilt im 200-l-Aquarium sind dies täglich nur 1,25 mg/l! Die normale Luft-Wasser-Diffusion liefert spielend mehr!

Umgang mit Wasserstoffperoxid

Wasserstoffperoxid ist als wäßrige Lösung erhältlich, und zwar bevorzugt in 3 oder 30%iger Konzentration (Zoohandel, Drogerien, Apotheken). Das 3%ige Peroxid ist relativ harmlos; es kann zum Beispiel auch zum Desinfizieren kleiner Wunden dienen. Gefährlich aber ist das 30%ige Peroxid, es wirkt stark ätzend! Deshalb beim Umgießen, Verdünnen usw. folgende Sicherheitsregeln beachten:

Sicherheitsregeln für den Umgang mit Wasserstoffperoxid
- Vor den Arbeiten ausreichende Mengen an Wasser zum Spülen gegen eventuelle Verätzungen bereitstellen.
- Nach Hautkontakten sofort mit viel Wasser abwaschen!
- Spritzer auf die Augen können die Hornhaut verätzen und unrettbar die Sehkraft schädigen.
Deshalb unbedingt Schutzbrille tragen!

Wasserstoffperoxid zerfällt langsam von selbst, wobei Sauerstoff und Wasser entstehen. Etliche Stoffe wirken als Katalysator und beschleunigen den Zerfall ganz erheblich, deshalb stets sauber arbeiten und zum Verdünnen nur destilliertes Wasser benutzen.

Der Vorrat muß unter Verschluß gesichert aufbewahrt werden (Kinder!). Der Lagerplatz soll kühl und dunkel sein, denn Licht und Wärme beschleunigen den Zerfall. In dicht verschlossenen Flaschen entwickelt sich allmählich ein Überdruck; er kann zum Bersten der Flasche führen und muß deshalb regelmäßig abgelassen werden. Am besten benutzt man Flaschen mit einem Überdruckventil (Laborbedarf).

Pflanzenwuchs und Oxidator

Wasserstoffperoxid beschleunigt die Oxidation der Inhaltsstoffe im Aquarienwasser. Davon betroffen sind aber nicht nur die filterpflichtigen organischen Abfallstoffe, sondern auch viele Spurenelemente und wichtige Pflanzennährstoffe. Es muß also damit gerechnet werden, daß sich das Nährstoffklima für die Aquarienpflanzen wesentlich verschlechtert. Die daraus resultierenden Wuchsstörungen lassen sich nur selten durch zusätzliche Düngung vollständig beheben.

19. Ultraviolett(UV)-Gerät

Mit UV-Strahlung wird ein breiter Wellenlängenbereich von 100-380 nm[1] bezeichnet, der zwischen dem sichtbaren Licht und der Röntgenstrahlung liegt. Je nach Teilbereich ist die Wirkung der UV-Strahlung anders. Deshalb wird unterschieden zwischen den Bereichen UV-A, UV-B und UV-C (Bild 19-1).

Wie auf Seite 59 erläutert, ist der ultraviolette Anteil der natürlichen Strahlung für die Wasserbewohner praktisch bedeutungslos, weil die UV-Strahlung bereits nach wenigen Zentimetern Eindringtiefe vollständig absorbiert wird. Folglich braucht das Aquarium selbst keine UV-Strahlung.

Dagegen kann die separate UV-Behandlung des Wassers sinnvoll sein, um zum Beispiel die Keimzahl zu senken. Hier ist nur das UV-C interessant, dessen entkeimende Wirkung zwischen 200 und 280 nm seit langem bekannt ist.

Wann UV-Gerät benutzen?

In normalen Gesellschaftsaquarien, also in mit Fischen und Pflanzen harmonisch besetzten Aquarien, ist ein UV-Gerät völlig überflüssig.

[1] 1 nm (**N**ano**m**eter) = 0,000 000 001 Meter.

Dagegen kann es bei der Aufzucht sehr empfindlicher Fische oder bei der Intensivfischhaltung sinnvoll sein, durch UV-C-Behandlung die Keimzahl im Wasser zu senken. Ähnlich hilfreich sind UV-Geräte, um eine Massenvermehrung lästiger Schwebealgen („Wasserblüte") zu bekämpfen, die zum Beispiel nach einer Überdüngung auftreten kann.

Im Vergleich zu chemischen Verfahren hat die UV-Behandlung den Vorteil, daß keinerlei Stoffe in das Aquarienwasser hineingegeben werden. Es wird nur dasjenige Wasser behandelt, das gerade durch das UV-Gerät fließt. Wasser kann UV-Strahlung weder speichern noch transportieren, es ist nach Verlassen des UV-Gerätes sofort „strahlungsfrei". Eine Schädigung von Pflanzen oder Tieren im Aquarium oder von Bakterien im Aquarienfilter ist daher ausgeschlossen. Daraus folgt auch, daß im Aquarium selbst keine Sterilität erreicht werden kann, was aquaristisch ohnehin unerwünscht wäre.

Technik der UV-Geräte

Die aquaristisch üblichen Geräte benutzen meist Quecksilberdampf-Niederdruckstrahler. Diese ähneln in Aufbau und Funktion den bekannten Leuchtstofflampen, besitzen jedoch

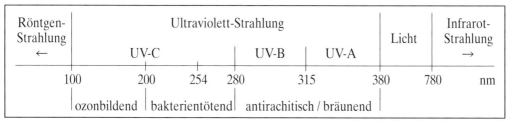

Bild 19-1: Die UV-Strahlung umfaßt den Wellenlängenbereich 100-380 nm. Der Gesamtbereich ist aufgeteilt in UV-A, UV-B und UV-C. Hinweis: Die nm-Achse ist nicht maßstäblich gezeichnet.

keine Leuchtstoffe auf der Innenseite des Glasrohres, sondern geben die durch elektrische Anregung des Quecksilberdampfes erzeugte UV-Strahlung unmittelbar ab. Etwa 70 % der Gesamtstrahlung liegt im Bereich 250-270 nm, der am stärksten entkeimend wirkt.

Die Teilansicht eines UV-Gerätes zum Behandeln von Aquarienwasser zeigt Bild 19-2 auf Seite 110.

Zum Betrieb ist eine Wasserpumpe erforderlich, die das zu behandelnde Wasser durch das UV-Gerät fördert. Am besten schließt man das Gerät an den Auslauf eines Filters an, damit keine Schmutzteilchen hineingelangen können, denn bereits geringfügiger Schmutz absorbiert erheblich UV-Strahlung und senkt den Wirkungsgrad des UV-Gerätes.

Die Richtwerte für einige UV-C-Strahler, wie sie in UV-Geräte eingebaut werden, zeigt Tabelle 19-A.

Tabelle 19-A: Daten von UV-C-Strahlern (nach Unterlagen der Firma Philips)				
Nennleistung	15	30	40	Watt
UV-C-Leistung	4,0	10,0	12,6	Watt
Wirkungsgrad	26,7	33,3	31,5	%
Oberfläche	286	654	1337	cm^2
Strahlungsdichte an der Oberfl.	14	15	9	mW/cm^2

Die in der Aquaristik üblichen UV-Geräte erreichen nicht die nach Tabelle 19-A zu erwartenden UV-Leistungen. Die in die Geräte eingebauten UV-Strahler sind konstruiert zur Entkeimung von Raumluft und damit für eine Rohrwandtemperatur von etwa 40 °C. Bei den Aquariengeräten aber wird der Strahler durch das Wasser auf 25-20 °C gekühlt, dadurch sinkt die UV-Leistung auf 70-55 %.

Auch die von den Strahlerherstellern angegebene mittlere Nutzbrenndauer von 5000 Stunden wird beim Betrieb in den aquaristisch üblichen UV-Geräten kaum erreicht. Gekühlte Strahler altern deutlich früher; schon nach wenigen hundert Betriebsstunden beginnt innen auf dem Glas eine kaum sichtbare Schwärzung, die zunehmend mehr UV-Leistung absorbiert. Schließlich leuchten diese Strahler im sichtbaren Bereich noch mit fast unverminderter Helligkeit, aber ihre UV-Leistung ist drastisch gesunken. Daher beim Kauf eines UV-Gerätes auf genügend Leistungsreserven achten!

Vorteilhafter sind Geräte, bei denen der UV-Strahler nicht mit dem kühlen Wasser in Kontakt kommt, sondern wärmegeschützt in einem besonderen Rohr aus Quarzglas (UV-durchlässig!) steckt und so seine richtige Betriebstemperatur erreichen kann.

Wirkung der UV-C-Strahlung

UV-C-Strahlung wird vom Eiweiß absorbiert und schädigt es. So werden Bakterien, Viren, Hefen, Algen usw. zerstört. Aber auch unmittelbare, verbrennungsartige Schäden sind möglich. Deshalb dürfen UV-Strahler niemals freibrennend betrieben werden, weil die Strahlung ähnliche Haut- und Augenschäden hervorruft, wie sie beim leichtsinnigen Umgang mit einer Höhensonne passieren.

Die UV-Strahlung wirkt als Produkt aus Strahlungsdichte und Bestrahlungszeit. Das heißt, eine schwächere UV-Leistung kann durch längere Bestrahlung ausgeglichen werden, um die gleiche Dosis und damit die gleiche Wirkung zu erhalten. Tabelle 19-B zeigt für einige Organismen die zur 90%igen Entkeimung notwendige Dosis, gemessen in Milliwattsekunden pro Quadratzentimeter (mWs/cm^2).

**Tabelle 19-B: UV-C-Bestrahlungsdosis
für 90%ige Entkeimung (nach Angaben der Firma Philips)**

Organismus	Dosis (mWs/cm^2)	Organismus	Dosis (mWs/cm^2)
Bakterien, Viren		Hefen	
Bacterium coli (in Wasser)	5	Brauhefe	3
B. subtilis (veg.)	7	gewöhnliche Backhefe	6
B. subtilis (Sporen)	3		
B. parathyphosus	3	Algen	
Cornynebacterium diphteriae	3	Kieselalgen)	
Escheria coli	3	Grünalgen)	360-600
Micrococcus candidus	6	Blaualgen)	
Dysentery bacilli	2		
Streptococcus lactis	6	Schimmelpilze	
Bacillus tuberculi	10	Aspergillus glaucus	44
Polio virus	3	Aspergillus niger	132
Trichonomas	100	Penicillium roqueforti	13
Tobacco mosaic	240		

Weil bei den Aquariengeräten das Wasser sehr dicht am Strahler entlanggeführt wird, läßt sich die zur 90%igen Entkeimung notwendige Bestrahlungszeit aus der erforderlichen Dosis nach Tabelle 19-B und der Strahlungsdichte des eingebauten UV-Strahlers nach Tabelle 19-A errechnen nach folgender Formel:

$$\text{Bestrahlungszeit (s)} = \frac{\text{Dosis (mWs/cm}^2)}{\text{Strahlungsdichte (mW/cm}^2)}$$

Legt man eine Strahlungsdichte von 10 mW/cm^2 zugrunde, wie sie nach Tabelle 19-A von einem 30-Watt-Strahler unter Berücksichtigung von 70% Wirkungsgrad erreicht werden kann, so sind bereits nach 1 Sekunde Bestrahlungszeit fast alle Hefen und Bakterien abgetötet. Algen sind weitaus widerstandsfähiger; hier muß die Zeit auf 36-60 Sekunden ausgedehnt werden.

Praxis

Aquaristisch übliche 30-Watt-Geräte haben eine Kontaktstrecke von etwa 80 cm, über die das Wasser entlanggeführt und bestrahlt wird. Je nach Pumpenleistung beträgt die Durchlaufzeit und damit die Bestrahlungszeit etwa 5-15 Sekunden. Daher lassen sich in einem einzigen Durchlauf zwar fast alle Bakterien und Hefen abtöten, nicht aber Schwebealgen.

Bei der Bekämpfung von Schwebealgen (Wasserblüte) muß folglich das Aquarienwasser entweder wesentlich langsamer oder – wie beim normalen Aquarienfilter auch – wiederholt durch das UV-Gerät gepumpt werden. Am besten läuft das Wasser mehrmals während einer Nacht hindurch, oder man schaltet die Aquarienbeleuchtung aus; sonst können sich die geschädigten Algen im Hellen wieder rasch regenerieren, und die UV-Behandlung bleibt wirkungslos.

20. Nützliches beim ...

Im Zoohandel wird eine nahezu unübersehbare Vielfalt an Aquarienzubehör angeboten. Nicht alles ist wirklich notwendig oder nützlich. Eine kleine Auswahl wird im folgenden beschrieben und auf zweckmäßige Kriterien hingewiesen.

Reinigen der Scheiben

Auch bei biologisch einwandfrei intakten Aquarien werden die Scheiben allmählich von Kleinalgen besiedelt. Sie behindern zunehmend die Sicht und müssen regelmäßig entfernt werden.

Scheiben aus organischem Kunstglas (Acrylglas, Plexiglas) haben eine weiche Oberfläche und sind deshalb kratzempfindlich. Zum Abschaben der Algen darf nur sehr weiches Putzmaterial verwendet werden, z.B. Perlonwatte, die oft gewendet und ausgewaschen werden muß. Niemals Alkohol (Spiritus) verwenden! Siehe auch Seite 19.

Normale Glasscheiben sind, sofern es sich um Qualitätsware handelt (siehe Seite 25), robuster. Hier leisten zum Beispiel Scheibenreiniger mit Rasierklingen gute Dienste. Die Klinge soll mindestens 6 cm breit sein und der Halter aus rostfreiem Material bestehen, z.B. aus Kunststoff. Wenn er einen genügend langen Stab als Handgriff besitzt, kann man bequem in alle Winkel hineingelangen, ohne mit der Hand in das Aquarium zu tauchen. Vorsicht bei geklebten Aquarien! Die Siliconnähte sind durch die Rasierklinge rasch verletzt!

Ähnlich gut geeignet ist Stahlwolle, wie sie beispielsweise zum Abziehen von Parkettfußböden Verwendung findet. Stahlwolle für den Küchenhaushalt ist meist imprägniert mit seifenähnlichen Mitteln und darf auf gar keinen Fall be-

nutzt werden. Man nimmt einen lockeren Bausch Stahlwolle in die Hand und wischt damit von innen über die Scheibe. Den Bausch häufig wenden und ausspülen.

Geeignet sind auch Scheibenreiniger aus Kunststoff, wie z.B. die bekannten Eisschaber für Autoscheiben oder Kunststoffschaber für Spachtelmassen.

Beim Magnet-Scheibenreiniger trägt ein Magnet einen harten Kunststoffschwamm und wird innen gegen die Scheibe gesetzt. Ein zweiter Magnet wird von außen dagegen gesetzt, so daß beide sich gegenseitig kräftig anziehen und festhalten. Nun kann der äußere Magnet mit der Hand geführt werden, während der innere der Bewegung folgt und dabei die Algen von der Scheibe schabt. – Das Verfahren hat einige Nachteile. Der innere Magnet folgt ruckweise und läßt sich schwierig dirigieren. Des weiteren zeigt die Praxis, daß auch Glasscheiben leicht zerkratzen. Die Ursache liegt darin, daß der Kunststoffschwamm der magnetischen Haltekräfte wegen nur dünn sein darf. Folglich setzt er sich rasch voll, auch mit hartschaligen Kieselalgen, welche dann Kratzer verursachen.

Haben sich Blaualgen auf der Scheibe angesiedelt, so sollten sie nicht mit einem Schaber entfernt werden. Blaualgen (Cyanophyten), auch Schmieralgen genannt, haben einen typischen unangenehmen Geruch und bilden einen blaugrünen, schmierigen Belag, der an Samt erinnert. Sie breiten sich rasch aus, und abgeschabte Algenfetzen würden unkontrolliert herumschwimmen, sich an anderen Stellen absetzen und dort weiter vermehren. Es ist besser, wenn man Blaualgen mit möglichst weichem Toilettenpapier vorsichtig abwischt. Dazu drückt man 1-2 Blatt Papier zu einem lockeren Bausch zusammen und führt ihn unter mäßigem Druck streifenweise die Scheibe entlang. Am Ende jedes Wischstreifens wird der Papierbausch in der Hand vorsichtig gerafft und so die gesammelten Blaualgen aufgenommen und rückstandsfrei aus dem Aquarium entfernt.

Schalten der Beleuchtung

Aquarienpflanzen brauchen täglich ungefähr 12 Stunden Licht. Nicht immer kann man das Licht selbst ein- und ausschalten, sondern muß – z.B. während der Abwesenheit im Urlaub – diese Aufgabe einer Schaltuhr übertragen. Die Anforderungen an Genauigkeit oder Zeitauflösung dürfen gering sein. Es genügt zum Beispiel, wenn die Schaltschritte, also die Verstellmöglichkeiten der Lichtperiode, $1/2$ oder gar 1 Stunde groß sind.

Elektromechanische Schaltuhren, also etwa solche mit Synchronmotor und steckbaren Schaltstiften, sind preiswert und arbeiten sehr zuverlässig. Schaltuhren können auch mit anderen Geräten kombiniert sein, so zum Beispiel kann der Futterautomat auf Bild 20-2 auf Seite 110 auch zusätzlich die Beleuchtung schalten.

Elektronische Schaltuhren, erkennbar an ihrer umfangreichen Programmierfähigkeit und Digitalanzeige, müssen unbedingt eine Batterie als Reserve haben. Anderenfalls verlieren sie bei jedem kurzen Stromausfall das Schaltprogramm aus ihrem Gedächtnis; manche tun dies auch, sobald ein Gewitter in der Nähe tobt. Die Uhren sollen ihren Zeittakt unbedingt aus der Netzfrequenz ableiten; es mag sein, daß sie zwar gelegentlich um mehrere Sekunden falsch gehen, aber die Netzfrequenz wird ständig überwacht und nachgeregelt, deshalb ist die Langzeitgenauigkeit unübertroffen! Bei Stromausfall übernimmt eine batteriegespeiste Quarzsteuerung den Zeittakt.

Komfortable elektronische Schaltuhren können mehrere Schaltkreise unabhängig voneinander steuern. Damit wird es möglich, zur normalen Aquarienbeleuchtung über die Mittagszeit noch zusätzlich 1-2 Lampen einzuschalten, um den natürlichen Verlauf der Beleuchtungsstärke besser zu imitieren. Über die biologischen Auswirkungen auf Fische oder Pflanzen im Aquarium gibt es so gut wie keine Untersuchungen.

Aquarienpflanzen reagieren meist positiv auf einen gelegentlichen „Regentag", wie er auf Seite 58 beschrieben ist. Hier helfen Schaltuhren mit einem Wochenprogramm, bei dem an 1 Tag in der Woche die Lichtperiode drastisch verkürzt oder – bei genügend hellem Raumlicht – sogar ganz ausfallen kann. Die Schaltuhr auf Bild 20-1 auf Seite 111 ist mittwochs auf „Regentag" programmiert, und schaltet an diesem Tag die Beleuchtung für nur 2 Stunden ein.

Füttern der Fische

Fischefüttern zählt zu den schönsten Beschäftigungen in der Aquaristik, man überläßt sie nur ungern einer Automatik. Aber bei längerer Abwesenheit (z.B. im Urlaub) kann sich die Notwendigkeit dazu ergeben.

Erfahrungsgemäß sollte man keine hilfsbereiten Nichtaquarianer mit dieser Aufgabe betrauen, denn meist findet man bei der Rückkehr überlastete Aquarien und trübes Wasser vor, wenn nicht gar tote Fische. Die Ursache ist einfach: Bekanntlich sind die meisten Fische neugierig und kommen herbeigeschwommen, sobald jemand das Zimmer betritt; Nichtaquarianer deuten dies als Hunger und schütten immer wieder erneut Futter in das Wasser, welches schließlich hoffnungslos verdirbt.

Futterautomaten können nur lagerfähiges Futter, also Trockenfutter verarbeiten. Dies können je nach Gerät Tabletten, Flocken oder Gefriergetrocknetes sein. Einen Futterautomaten, der auch die Beleuchtung schalten kann, zeigt Bild 20-2 auf Seite 110.

Futterautomaten müssen zwangsläufig über einer Öffnung in der Aquarienabdeckung stehen. Ein sprudelnder Filterauslauf oder Ausströmer darf sich nicht darunter befinden, denn Wasserspritzer sollen den Futterautomaten nicht erreichen können. Trotzdem ist das Gerät unweigerlich dem aufsteigenden Wasserdampf ausgesetzt. Das gilt meist auch für den Futtervorrat, der dann allmählich klumpt und seine Rieselfähigkeit verliert. Deshalb kann man, auch wenn der Vorrat eigentlich länger reichen würde, oft nur etwa 2-3 Wochen lang automatisch füttern. Je wärmer das Aquarienwasser ist im Vergleich zur Raumtemperatur, desto mehr Wasser verdunstet und desto schneller wird das Futter feucht. – Zur Abhilfe kann man mit einer Membranluftpumpe und einem PVC-Schlauch raumtrockene Luft zum Futtervorrat blasen lassen.

Futterautomaten für Netzbetrieb müssen absolut standsicher befestigt werden. Wenn sie in das Aquarium fallen, besteht höchste Lebensgefahr! Keinesfalls sofort in das Wasser greifen. Das Gerät muß nach 1 Sekunde Tauchbad genau so repariert werden wie nach 1 Minute, deshalb ist Eile überflüssig und gefährlich. Als allererstes den Netzstecker ziehen!

Oft ist ohnehin schon eine Schaltuhr für die Beleuchtung vorhanden, und es soll nur während des Urlaub automatisch gefüttert werden. Dann empfiehlt sich die Anschaffung eines batteriebetriebenen Futterautomaten. Dieser darf auch ohne besondere Sicherheitsvorkehrungen behelfsmäßig auf das Aquarium gestellt werden; falls er wider Erwarten einmal in das Wasser fallen sollte, wird niemand durch Stromschlag gefährdet.

Fangen der Fische

Netze zum Fangen von Fischen müssen viereckig sein. Mit runden Netzen gelangt man nicht in die Ecken hinein. Die Maschen sollten möglichst groß sein, damit beim Bewegen des Netzes der Wasserwiderstand möglichst gering ist.

Als Standardgröße für die meisten Aquarienfische von 2-6 cm Länge eignen sich Netze mit einer Öffnung von 15 x 10 cm und 1-2 mm Maschenweite. Je nach Größe der Fische sollte noch ein kleineres oder größeres Netz bereitliegen.

Als Material kommt nur Kunstfaser in Frage, sie trocknet rasch und ist genügend widerstandsfähig. Die Farbe kann beliebig gewählt werden; auch Netze mit Tarnfarben werden von den Fischen sofort erkannt.

Fische fängt man nicht, indem man sie mit dem Netz durch das Aquarium jagt und dabei Pflanzen und sonstige Dekoration zerstört, sondern man lehnt das möglichst weit offene Netz mit der Schmalseite rechtwinklig an die Frontscheibe und hält es absolut ruhig. Mit der anderen Hand oder einem zweiten Netz, das kleiner sein darf, treibt man behutsam und ohne Hast den Fisch vor die Öffnung des absolut ruhig wartenden Fangnetzes. Sobald er eine günstige Position erreicht hat, wird das Netz mit blitzschneller Bewegung über den Fisch gezogen und an die Scheibe gedrückt.

Fische merken sehr schnell, wer von ihnen herausgefangen werden soll. Nach zwei oder drei vergeblichen Fangversuchen läßt sich der Gesuchte oft nur noch schwer oder überhaupt nicht mehr fangen. In besonders schwierigen Fällen muß man nachts aufstehen und kann die schlaftrunkenen Fische im Schein einer Taschenlampe leichter einfangen.

148

Stichwortverzeichnis

Die Stichwörter sind nicht immer buchstabengetreu, sondern beschreiben den Sachverhalt. Fette Seitenzahlen weisen auf besondere Schwerpunkte hin.

Handbuch Aquarienwasser

Ein weiteres Standardwerk von Dipl.-Ing. Hanns-J. Krause

Eine Anleitung zu Diagnose, Kontrolle und Aufbereitung des wichtigsten Elementes Ihres Hobbys. So werden viele Erkenntnisse endlich klarer. 128 Seiten mit zahlreichen Farbfotos und Zeichnungen.

ISBN 3-927 997-00-5

Dr. Axelrod's Atlas der Süßwasseraquarienfische

Der Aquarienatlas der Superlative. Auf ca. 1000 großformatigen Seiten etwa 6000 Farbfotos mit aquaristischer Information. Deutscher Text, Namensindex.

ISBN 3-980 1265-4-4

Dr. Burgess's Atlas der Meerwasser-Aquarienfische

Das Pflichtbuch für den Meeresaquarianer. Auf etwa 800 Seiten erwarten den Leser weit über 4000 Farbfotos der begehrtesten Meeresfische. Lebensansprüche und Verhalten der Fische in übersichtlicher Erklärung.

ISBN 3-980 1265-8-7